# 全球價值鏈、
# 服務外包與貿易利益

廖戰海 著

財經錢線

# 前言

　　隨著全球分工體系的深化和國際貿易形式的演進，全球價值鏈分工成為現代國際分工的主要形式。在新的國際分工體系中，貿易模式發生了質的變革。全球價值鏈分工不僅帶動了製造外包的迅速發展，並且在製造行業興起了服務外包的新浪潮。隨著全球數字經濟和服務經濟的快速發展，國際服務外包已經成為推動服務全球化與價值鏈攀升的重要動力，也是新興服務貿易發展的主要方式。中國正憑藉較低的營運成本、穩定的人力資本供應和日益完善的基礎設施、投資環境等優勢，逐漸成為全球服務外包的重要市場。當前，全球經濟復甦進程不斷加快，創新全球化趨勢不斷增強，數字經濟引領的全球新產業革命正在加速發展，如何利用這一契機，充分發揮服務外包在供給側改革和產業轉型升級中的作用，推動中國參與全球價值鏈分工地位的提升，使得「中國服務」能夠獲取更大的貿易利益，成為中國亟待解決的問題。

　　為此，本書嘗試從全球價值鏈分工的視角，通過研究參與服務外包的動因及貿易利益作用機制和影響貿易利益分配的因素，實證分析了中國參與服務外包獲取的貿易利益，明確了中國的全球價值鏈地位，從而為中國服務外包產業轉型和創新發展提出對策建議。全書共分八章（含緒論），其主要內容如下：

　　緒論主要介紹研究的背景和意義，對文獻進行了梳理，並提出本書主要的研究內容和框架、研究方法及主要的創新點。

　　第一章是基本範式。闡述了國際分工的發展脈絡，以便釐清全球價值

鏈分工與服務外包的相互關係；對外包、服務外包的基本概念、類型和統計體系做出了界定；分析了服務外包發展的現狀和趨勢。

第二章是理論基礎。從宏微觀的角度分析了貿易利益來源以及貿易利益的測度。在宏觀層面上，基於要素稟賦的比較優勢理論是各國，特別是發展中國家承接服務外包的初始動力；追求規模經濟和成本的節約是各國發展服務外包的核心要素；而謀求制度變革，倒逼國內制度環境的改善，則是服務外包產生的外部效應。在微觀層面上，服務外包企業作為一種中間組織，在一定程度上兼顧了市場的靈活性和契約的完備性，大大降低了交易費用；企業生產率的異質性也是導致服務外包，獲取貿易利益的重要原因。

第三章是機制分析。主要分析了服務外包對一國經濟增長、就業擴張、技術進步和產業升級等影響的機理。根據內生經濟增長理論，服務外包可以通過對知識技術、人力資本以及制度環境等要素的影響來拉動經濟增長。服務外包除了有就業擴張效應以外，還有提升勞動力質量的人力資本效應。服務外包主要通過以下幾種途徑產生技術外溢：①增加中間投入品的種類；②技術交流；③顯性知識的轉移；④研發成果的溢出。此外，服務外包可以通過優化承接國的技術結構、勞動力結構、生產要素結構來實現產業結構轉型升級。

第四章是經驗研究。分別就上述四個方面，對中國服務外包的貿易利益進行實證檢驗。實證結果顯示，中國承接服務外包會對經濟增長產生正向影響，但是對外發包卻不利於經濟增長；承接服務外包對於就業擴大的影響不顯著，而對外發包顯著不利於國內就業；承接服務外包對於服務部門勞動生產率起到正向作用，但是對外發包卻是反向作用；承接服務外包對於服務業的升級起到的是正向作用，而對外發包不利於服務業的升級。

第五章是因素分析。主要從多邊貿易規則、區域貿易安排、「一帶一路」倡議、政治博弈等外部因素以及產業發展環境等內部因素分析了中國參與服務外包獲取貿易利益的影響因素，明確了中國參與價值鏈分工的地位，厘清了中國發展服務外包產業的優勢和不足。

第六章是政策建議。首先對新興服務外包國的發展模式進行了對比，歸納總結了國外服務外包產業發展的政策特點；其次提出了中國服務外包產業轉型發展戰略目標及思路；最後闡述了推動中國服務外包產業創新發展，提升全球價值鏈分工地位的對策建議。

　　第七章是結論及研究展望。對本書研究結論進行總結，並指出了今後研究的方向。

　　由於筆者水準與時間有限，本書的不足之處懇請學界同仁和讀者給予批評和指正！

廖戰海

# 目錄

**緒論** / 1

    第一節　研究背景和意義 / 1

        一、研究背景 / 1

        二、研究意義 / 2

    第二節　國內外研究進展 / 3

        一、工序分工與全球價值鏈理論 / 3

        二、服務外包理論 / 4

        三、服務外包的貿易利得效應 / 7

        四、文獻簡評 / 11

    第三節　研究內容和框架 / 12

    第四節　研究方法和創新 / 13

        一、研究方法 / 13

        二、主要創新 / 14

**第一章　全球價值鏈與服務外包的發展** / 16

    第一節　服務外包的歷史邏輯：國際分工的歷史演變與發展 / 16

        一、國際分工形式的歷史演變 / 16

        二、國際分工形式的比較 / 19

        三、全球價值鏈分工與服務外包 / 21

    第二節　服務外包的基本範疇 / 24

        一、外包的概念 / 24

        二、服務外包的概念 / 25

三、服務外包的類型 / 29

　　四、服務外包的統計體系 / 30

第三節　服務外包的現實表現：現狀與趨勢 / 33

　　一、服務外包發展現狀 / 33

　　二、服務外包發展趨勢 / 35

## 第二章　全球價值鏈分工下服務外包的貿易利益來源 / 39

第一節　貿易利益來源的宏觀分析 / 39

　　一、比較優勢：初始動力 / 39

　　二、規模經濟：核心要素 / 42

　　三、制度變遷：外部利益 / 43

第二節　貿易利益來源的微觀分析 / 46

　　一、契約完備性：重要條件 / 46

　　二、企業異質性：技術因素 / 48

第三節　貿易利益的測度 / 50

　　一、全球價值鏈分工下貿易利益分配的特徵 / 50

　　二、全球價值鏈分工下貿易利益分配方式的轉變 / 51

　　三、全球價值鏈分工下貿易利益的測度方法 / 52

## 第三章　全球價值鏈分工下服務外包的貿易利益效應 / 62

第一節　服務外包與經濟增長利益 / 62

　　一、理論機制 / 62

　　二、中國的典型事實描述 / 65

第二節　服務外包與就業擴張利益 / 71

　　一、理論機制 / 71

　　二、中國的典型事實描述 / 73

第三節　服務外包與技術進步利益 / 74

　　一、理論機制 / 74

　　二、中國的典型事實描述 / 78

第四節　服務外包與產業升級利益 / 79

一、理論機制 / 79

二、中國的典型事實描述 / 82

## 第四章　全球價值鏈分工下中國服務外包貿易利益的經驗研究 / 86

### 第一節　面板數據方法簡介 / 86

一、面板數據的概念 / 86

二、面板數據的運用 / 88

### 第二節　經濟增長利益 / 90

一、理論框架 / 90

二、實證分析 / 91

### 第三節　就業擴張利益 / 95

一、理論框架 / 95

二、實證分析 / 97

### 第四節　技術進步利益 / 101

一、理論框架 / 101

二、實證分析 / 102

### 第五節　產業升級利益 / 106

一、理論框架 / 106

二、實證分析 / 107

## 第五章　全球價值鏈分工下影響服務外包貿易利益分配的因素 / 112

### 第一節　外部因素：多邊貿易規則與政治博弈 / 112

一、WTO 多邊貿易體制 / 112

二、區域貿易安排 / 114

三、「一帶一路」倡議 / 115

四、政治博弈 / 116

### 第二節　內部因素：產業發展環境 / 118

一、要素稟賦 / 118

二、產業結構／119
　　三、技術水準／120
　　四、制度安排／121
第三節　中國參與服務外包貿易利益分配的影響因素分析／123
　　一、外部因素／123
　　二、內部因素／126

第六章　全球價值鏈分工下中國服務外包產業高質量發展戰略及政策建議／140
第一節　國外服務外包發展模式與經驗借鑑／140
　　一、新興服務外包國發展模式比較／140
　　二、國外服務外包產業政策的特點／141
　　三、國外服務外包產業政策的經驗／143
第二節　中國服務外包產業高質量發展戰略的基本框架／144
　　一、戰略目標／144
　　二、戰略思路／147
第三節　推動中國服務外包產業高質量發展的政策建議／149
　　一、推進創新驅動／149
　　二、培育服務外包企業生態／151
　　三、強化複合型人才培養／153
　　四、促進在岸與離岸協調發展／154
　　五、穩步開拓「一帶一路」市場／156

第七章　結論及研究展望／159
　　一、主要結論／159
　　二、研究展望／160

參考文獻／162

# 緒論

## 第一節 研究背景和意義

### 一、研究背景

18世紀60年代以來，國際分工經過200多年的發展，發生了非常大的變化，從最初的產業間分工到產業內分工，進而發展成產品內分工的模式。特別是20世紀90年代以來，隨著科技進步和貿易投資一體化的發展，國際分工呈現出明顯的工序特徵，貿易產品生產被分解成不同的工作任務和環節，並且分散在不同國家進行，從而形成了一種新的國際分工形態。

全球工序分工不僅帶動了製造業外包的迅速發展，而且興起了服務業外包新的浪潮。鄭雄偉（2013）指出，2012年中國服務外包合同金額共計9,910億美元。其中，原有服務外包領域和新開拓的服務外包領域比例為2∶1。2012年亞太地區服務外包合同金額共計1,300億美元，儘管這個金額在全球中所占比重不高，但其增長趨勢明顯加快，比2011年增長了31%，亞太地區逐漸成為中國服務外包的重要市場[1]。可見，服務外包發展迅速，已經成了服務全球化的重要組成部分，是助推經濟全球化進程的關鍵因素。

中國正憑藉其較低的營運成本、穩定的人力資本供應和日益完善的基礎設施、投資環境等優勢，逐漸成為全球服務外包業務的重要中心市場之一。2019年中國內地企業承接服務外包合同額15,699.1億元人民幣（幣種下同），執行額10,695.7億元，同比分別增長18.6%和11.5%，執行額首次突破萬億元，再創歷史新高。從結構看，信息技術外包（ITO）、業務流程外包（BPO）、知識流程外包（KPO）的離岸執行額占比分別是44.1%、18.1%、37.8%。從業務規模看，美國、歐盟和中國香港地區是中國的前三大發包市場，合計占發包總額的54.5%。從區域看，長三角區域承接離岸服務外包執行

額3,246.6億元，約占全國一半，是中國內地服務外包產業的主要集聚區。截至2019年年底，從業人員共1,172萬人，其中大學（含大專）以上學歷750.1萬人，占從業人員總數的64%，對穩定大學生就業發揮了重要作用。[2]

服務外包的快速發展迫切需要重新審視中國的經濟發展戰略。雖然經過改革開放40多年的發展，中國製造業水準和國際競爭力明顯提升，已經成為名副其實的「世界製造中心」，但是服務業發展卻相對滯後，成了制約中國經濟進一步發展的重要因素。中國以服務外包的形式嵌入全球工序分工中，但仍然處於較低端的分工地位，貿易利益的獲取與貿易大國的身分極為不匹配。

理論分析和實踐發展均表明，服務外包是全球價值鏈分工的重要載體，是全球工序分工與貿易的重要方式，體現了服務全球化的時代特徵。因此，如何在製造業服務化和服務業開放進程中，充分發揮服務外包在製造業產業結構調整、服務業轉型升級中的重要作用，使中國成為製造業和服務業強國；如何加快服務外包產業發展，實現中國參與全球外包市場、攀升全球價值鏈分工地位的重要目標，成為中國亟待解決的問題。

**二、研究意義**

貿易利益一直是國際貿易領域頗具爭議的話題。無論是發達經濟體還是新興經濟體都在謀求最大化的貿易利益。本書以全球價值鏈的視角，通過研究離岸服務外包的貿易利益來源、作用機理以及影響因素，對中國服務外包的貿易利益效應進行實證分析，明確中國服務外包的全球價值鏈分工地位，為中國服務外包產業的轉型發展提出相應的政策建議。

本書的現實意義：通過在全球價值鏈分工背景下考察中國以服務外包的形式參與國際分工，實現貿易利益的途徑，明確中國服務外包的戰略地位，充分發揮服務外包在推進結構調整和產業轉型升級中的重要作用，提升中國參與國際分工的水準，從而促進服務貿易和服務業的良性互動，實現開放促增長，推進包括貿易強國在內的強國建設。

本書的理論意義：現有文獻絕大多數都是以外包為研究對象來探討外包的經濟效應，本書將研究對象擴展到服務外包，以國際分工的視角，從國家層面探討了服務外包參與國際貿易利益問題，將對貿易利益的研究從貨物貿易領域拓展到服務貿易領域，並且綜合了傳統貿易理論、新貿易理論、新新貿易理論以及產業組織理論的分析框架，在一定程度上是對國際分工理論和國際貿易理論的補充。

## 第二節 國內外研究進展

### 一、國際分工與全球價值鏈理論

國內外學者對於「全球工序分工」這一概念範疇，研究的側重點不同，有多種表述方式，也不盡相同。Dixit 和 Grossman（1982）[1] 研究表明，把產品生產工序在空間上分離，可以在國內有效保護一部分產品附加值，這種技術現象被稱為「多階段生產」（Multi-stage Production），其主要特徵是，本階段的生產為下一階段生產提供半成品。Krugman（1994）[2] 認為，基於價值鏈分割的國際分工是戰後世界生產體系的主要特徵，並將此現象描述為「價值鏈分割」（Slicing-up the Value Chain）。與此同時，Bhagwati 和 Dehejia（1994）[3] 指出，各國以相對比較優勢，作為國際分工的基準，利用「萬花筒式比較優勢」（Kaleidoscope Comparative Advantage）來從事不同工序生產。Arndt（1997）[4] 從發達國家參與國際分工的視角出發，定義了外包（Outsourcing）和轉包（Sub-contracting），即發達國家的跨國公司將生產工序發包給新興市場國家的經濟行為。之後，Jones 和 Kierzkowiski（2001）[5] 認為「零散化生產」（Fragmented Production）影響了國際分工體系的具體形態，構成了世界貿易的主要內容，即將生產過程切割開來，安排在不同的空間區位中進行。而 Feenstra（1998）[6] 認為，可以用「生產非一體化」（Disintegration of Production）、「貿易一體化」（Integration of Trade）來描述當代國際貿易體系呈現出來的特點：

---

[1] DIXIT A K, GROSSMAN G M. Trade and protection with multistage production [J]. The review of economic studies, 1982 (49): 583-594.

[2] KRUGMAN P. A「Technology Gap」model of international trade [M]. In Krugman P. (ed.), Rethinking international trade, Massachusetts: MIT Press, 1994.

[3] BHAGWATI J N, DEHEJIA V H. Freer trade and wages of the unskilled—is marx striking again? [M]. In J. N. Bhagwati and M. H. Kosters (Ed.), Trade and Wages: Leveling Wages Down?. Washington D. C.: AEI Press, 1994.

[4] ARNDT S W. Globalization and the open economy [J]. The North American Journal of Economics and Finance, 1997, 8 (1), 71-79.

[5] JONES R, KIERZKOWSKI H. A framework for fragmentation. In S. Arndt and H. Kierzkowski (Ed.), Fragmentation: New production patterns in the world economy [M]. Oxford: Oxford University Press, 2001.

[6] FEENSTRA R C. Integration of trade and disintegration of production in the global economy [J]. Journal of economic perspective, 1998, 12, 31-50.

全球工序分工與中間產品貿易。同期，Hummels、Rapoport 和 Yi（1998）定義了「垂直專門化分工貿易」（Vertical-specialization-based Trade）[①]，用來描述全球範圍內的工序分割以及中間產品貿易現象。「垂直專門化分工貿易」必須滿足三個條件：第一，特定產品的生產過程必須可以分割成一個或者多個工序；第二，產品的特定生產工序經過分割以後必須可以分佈在多個區位中生產，形成商品價值鏈的跨境延伸；第三，在工序生產中，必須至少有一個國家利用了進口中間投入品，並且生產出來的最終產品或者中間產品，將有一部分出口到國外。

學者於21世紀初開始涉及工序分工理論的研究，對於相關概念的界定基本參考了國外學者的表述。盧鋒（2004）定義了「產品內分工」（intra-product specialization）的概念，認為產品內分工可以比較準確地描述產品生產過程在世界範圍內不同國家實施的空間分割現象[②]。但是，Grossman 和 Rossi-Hansberg（2006a，b）[③] 指出，以往的概念片面強調了「外包」的新分工形式或者「工序」的新技術形式。用「工序貿易」（Tasks Trading）更能準確刻畫新的生產分工形式和貿易內容，反應當代工序分割和中間產品貿易的主要特徵，更適合研究世界貿易分工體系和各國貿易發展情況。

2012年G20峰會首次將「全球價值鏈」引入議題，受到了理論界的高度關注。對於全球價值鏈的研究，主要涉及全球價值的概念、核心要素構成以及實證研究。實證研究方面，研究通過對貿易增加值進行計算，衡量了中國在全球價值鏈中的地位和貿易所得（劉維林 等，2014；Koopman，2014；劉琳，2017）；理論研究方面，主要涉及全球價值鏈的概念界定（Gereffi，1994）、動力機制（張輝，2006）、治理結構（Gereffi，2005）、貿易政策（唐東波，2012）、價值鏈升級的動因、類型、路徑、方式和政策建議等（尹偉華，2016）。

## 二、服務外包理論

近年來隨著服務外包的發展，學者們開始將外包理論引入服務外包的研究

---

[①] HUMMELS D, RAPOPORT D, YI K M. Vertical specialization and the changing nature of world trade [J]. Federal Reserve Bank of New York Economic Policy Review, 1998, 79-99.

[②] 盧鋒. 產品內分工 [J]. 經濟學（季刊），2004, 4 (1): 55-82.

[③] GROSSMAN G M, ROSSI-HANSBERG E. The Rising of Offshoring: It's Not Wine for Cloth Anymore [D]. Princeton: Princeton University, 2006a, 8; GROSSMAN G M, ROSSI-HANSBERG E. Trading Tasks: A Simple Model of Offshoring. NBER Working Paper, 2006b (8), No. 12721.

中，探究其適用性問題，下文將從外包理論的三種研究視角出發，對服務外包的理論基礎進行概述。

(一) 服務外包的經濟學解釋

經濟學中的交易成本理論、貿易理論中的比較優勢理論均可以用來解釋服務外包產生的原因。

資產專用性、交易頻率和不確定性直接影響交易成本，進而影響外包決策，同樣適用於服務外包決策。如，Ang 和 Straub (1998) 研究表明，美國銀行業的信息系統外包中，外包程度與搜尋成本呈反向關係①。Alpar 和 Saharia (1995) 同樣通過研究信息系統外包，分析得出含有隱性知識在內的服務外包比較少②。Poppo 和 Zenger (1998) 指出，外包發生的可能性因預期的資產專用性投資增加而減少③。

Jones、Kierzkowski 和 Chen (2004) 認為傳統的比較優勢理論依然適用於服務外包領域，他們建立了一個離岸外包的決策模型④。根據產品生產的不同工序，需要不同的技術投入和中間品投入，此時如果將某種工序外包給密集使用其充裕要素的國家，利用其擁有較充裕要素的比較優勢，企業就能降低生產成本。但是，企業必須統籌安排和監督生產各個階段，由此也會產生相應的服務成本、運輸和保險成本等。

(二) 服務外包的管理學解釋

管理學中的多個理論，比如核心能力理論、資源基礎理論、資源依賴理論、價值鏈理論，等等，均可以解釋服務外包產生的原因。核心能力理論和資源基礎理論從企業的內部資源角度出發，而資源依賴理論重點強調企業對外部資源的獲取和控制，上述三種理論都強調企業有形資產和無形資產的重要性，影響企業戰略決策，也從一定程度上解釋了服務外包的產生原因。

Espino-Rodríguez 和 Padrón-Robaina (2005) 研究指出，企業會集中優勢

---

① ANG S, STRAUB D. Production and Transaction Economies and IS Outsourcing: A Study of the US Banking Industry [J]. MIS Quarterly, 1998 (12): 535-552.

② ALPAR P, SAHARIA A N. Outsourcing information system functions: an organization economics perspective [J]. Journal of organizational computing & electronic commerce, 1995, 5: 197-217.

③ POPPO L, ZENGER T. Testing alternative theories of the firm: transaction cost, knowledge-based, and measurement explanations for make-or-buy decisions in information services [J]. Strategic management journal, 1998 (19): 853-877.

④ JONES R, KIERZKOWSKI H, CHEN L. What does evidence tell us about fragmentation and outsourcing? [J]. International Review of Economics & Finance, 2004, 14 (3): 305-316.

資源，重點發展核心業務，而把非核心業務外包出去，從而增強企業的競爭力[1]。核心能力理論指出，理性廠商會保留核心業務，並通過各種資源提升其競爭力，而將非核心業務外包出去。

以資源基礎理論為基礎，Espino-Rodríguez（2006）探討了信息系統外包的決定因素，發現外包與業務價值存在著顯著的負相關關係，管理者傾向於將資源的資產專用性高的生產環節內部化，選擇將資源的資產專用性低的生產環節外包給外部承接商。企業選擇外包方式的可能性與活動被替代或轉移的難度呈負相關關係[2]。

Goo 等（2007）認為，企業對外部資源的依賴程度取決於其他外部資源對該資源是否具有可替代性、資源對企業贏利和戰略管理的影響程度、替代成本的高低這三個因素[3]。企業獲取生產必需的關鍵生產要素，且該資源不能夠完全依靠內部供給，企業可以將某些生產環節外包出去，那麼必然產生對外部資源的依賴性。

(三) 服務外包的社會學解釋

社會交換理論是服務外包產生原因的社會學視角的解釋。結合社會交換理論，Sun 等（2002）研究了信息系統外包的影響因素，並提出一系列假設，進而用案例實證的方法驗證這些假設是否正確。研究結果表明，在提出的十二條假設中，十一條通過了統計驗證。這些假設的正確性驗證了社會交換理論適用於服務外包[4]。Grover 等（2015）研究發現，合作夥伴之間的承諾、信任、協作關係與外包是否成功具有顯著相關關係[5]。Lee 和 Kim（2015）實證研究證明，外包雙方合作的質量好壞與外包是否成功之間存在正相關關係[6]。由此，

---

[1] ESPINO-RODRÍGUEZ T F, PADRÓN-ROBAINA V. A resource-based view of outsourcing and its implications for organizational performance in the hotel sector [J]. Tourism Management, 2005, 26 (5): 707-721.

[2] ESPINO-RODRÍGUEZ T F. A review of outsourcing from the resource-based view of the firm [J]. International journal of management reviews, 2006, 8 (1): 49-70.

[3] GOO J, KISHORE R, NAM K, et al. An investigation of factors that influence the duration of IT outsourcing relationships [J]. Decision support systems, 2007, 42 (4): 2107-2125.

[4] SUN S Y, LIN T C, SUN P C. The factors influencing information systems outsourcing partnership - a study integrating case study and survey research methods [J]. Hawaii international conference on system sciences, 2002, 8: 2810-2819.

[5] GROVER V, CHEON M J, TENG J T C. The effect of service quality and partnership on the outsourcing of information systems functions [J]. Journal of management information systems, 2015, 12 (4): 89-116.

[6] LEE J N, KIM Y G. Effect of partnership quality on IS outsourcing success: conceptual framework and empirical validation [J]. Journal of Management Information Systems, 2015, 15 (4): 29-62.

他們認為培養信任和承諾的良好合作關係是企業在外包過程中實現回報收益最大化的必要條件。

### 三、服務外包的貿易利得效應

(一) 服務外包對勞動生產率的影響

國外學者就服務外包如何推動勞動生產率的提升進行了較為翔實的研究。

Raa 和 Wolff (1996) 使用美國 1980—1990 年投入產出數據，實證分析了美國 10 年間製造業生產率恢復增長的原因[①]。他們認為，製造業的生產率的提高並非技術進步的必然結果，而生產方式的變革才是其主要原因。得益於服務外包，製造業生產中的低效率服務工序可以脫離出來由外部提供，這使得勞動生產率大幅度提高。也就是說，生產性服務外包是美國製造業生產率增長的主要因素。

Fixler 和 Siegel (1999) 認為，短期內業務外包的衝擊會降低服務業生產率，但在長期，需求將趨於穩定，由於競爭的關係會提高服務業的生產率[②]。

Amiti 和 Wei (2005) 利用 1992—2000 年美國製造行業的數據，實證分析了國際服務外包對美國勞動生產率的影響，結果表明服務外包與美國勞動生產率的提高呈明顯正相關關係[③]。

Olsen (2006) 綜述了外包如何影響勞動生產率的研究，並比較了不同論文的研究方法、指標與結論[④]。他認為外包對勞動生產率的影響不確定，需要結合企業或行業特性來具體分析。一般而言，製造業企業將其服務環節的業務外包出去，服務業企業將實物環節的業務外包出去，這兩種情況對提高勞動生產率的效果不明顯。

國內學者結合中國承接服務外包的實際情況，對此問題也進行了一定的探討。劉慶林、陳景華 (2006) 將製造業外包的模型用於分析服務外包的福利效應，服務外包能夠提高服務外包承接國和發包國的經濟增長率，進而提高整

---

[①] RAA T T, WOLFF E N. Outsourcing of services and the productivity recovery in U.S. manufacturing in the 1980s and 1990s [J]. Journal of productivity analysis, 1996, 16 (2): 149-165.

[②] FIXLER D J, SIEGEL D. Outsourcing and productivity growth in services [J]. Structural Change & Economic Dynamics, 1999, 10 (2): 177-194.

[③] AMITI F M, WEI S J. Fear of service outsourcing: is it justified? [J]. Economic Policy, 2005, 20 (42): 308-347.

[④] OLSEN K B. Productivity impacts of offshoring and outsourcing: a review [Z]. OECD STI Working Paper 2006, 1.

體福利水準①。李偉慶、汪斌（2009）將中國 1997—2002 年投入產出數據和工業經濟數據進行匹配，實證分析了服務外包的生產率效應，計量結果表明服務外包能夠提高人均勞動生產率②。

（二）服務外包對承接國技術進步的影響

大部分的研究表明，服務外包的發展有利於承接國技術進步以及向高端價值鏈環節的攀升。Dossani（2005）指出，發展中國家在承接發達國家的軟件外包過程中，採取了 OEM—ODM—OBM 的升級路線和步驟，逐漸從低端的簡單代工升級到高附加值的產品研發設計環節。在這一過程中，接包企業通過學習、模仿、吸收、創新，逐漸成長起來，成為發包企業③。

Long（2005）研究認為，出於降低成本的考慮，跨國公司有時會把產業價值鏈的高端業務研發、設計業務等外包給勞動力成本較低的發展中國家④。外包企業往往會對低工資國家的勞動力進行培訓，以便使接包企業生產的產品或提供的服務符合發包企業的要求，而東道國將獲得技術外溢的收益。

近年來，國內學者開始關注承接國際服務外包對中國技術進步的影響。理論研究方面，喻美辭（2008）通過構建三個部門的開放經濟增長模型，考察國際服務外包技術外溢對承接國技術進步的影響，理論表明服務外包可以提高承接國的技術水準⑤。

影響技術外溢大小的因素主要有：承接國的貿易開放程度、人力資本存量水準、國內外技術差距等。承接國的貿易開放程度、人力資本存量水準與技術外溢效應呈正相關關係；承接國與發包國的技術差距水準保持在一個適度的範圍內可以獲得最大的服務外包技術外溢效應。

王俊（2008）認為，跨國公司控制的外包體系會對中國的製造業的發展起到一定的阻礙作用⑥。他構造了一個技術「鎖定」模型，說明本土製造商由

---

① 劉慶林，陳景華. 服務業外包的福利效應分析 [J]. 山東大學學報（社會科學版），2006 (4)：119-126.

② 李偉慶，汪斌. 服務外包、生產率與就業：基於中國工業行業數據的實證研究 [J]. 浙江樹人大學學報，2009 (3)：33-37.

③ DOSSANI R. Globalization and the Offshoring of Services：The Case of India [J]. Brookings Trade Forum，2005，2005 (1)：241-267.

④ LONG N V. Outsourcing and technology spillovers [J]. International review of economics & finance，2005，14 (3)：297-304.

⑤ 喻美辭. 國際服務外包、技術外溢與承接國的技術進步 [J]. 世界經濟研究，2008 (4)：50-65.

⑥ 王俊. 跨國外包生產體系下技術後進國自主創新能力提升的困境及對策 [J]. 管理現代化，2008 (5)：7-9.

於缺乏品牌和技術，極有可能會長期被「鎖定」在價值鏈的低端環節，從而阻礙了企業自主創新能力的培養。因此，中國政府在制定外包政策的時候，應該根據行業進行調整，以避免這些不利影響。

實證研究方面，劉紹堅（2008）首先採用問卷調查的方法，收集了中國承接軟件外包企業高管的調查數據，然後進行計量分析，結果表明承接國際軟件外包可以提高本土軟件行業的研發能力，產生技術外溢效應[①]。實證研究可以證明通過示範效應是中國承接軟件外包產生技術外溢的有效途徑；暫時無法證明產業集聚效應、產業關聯效應、市場環境效應、人員流動效應這四個途徑是否能帶來技術外溢效應。

王曉紅（2008）通過對中國80家設計公司承接服務外包的情況進行調研，發現國際服務外包可以產生技術外溢[②]。其外溢效應的主要表現在設計公司規模的擴大，國際市場的開拓，學習能力、自主創新能力的增強，促進產業價值鏈向高端的延伸等方面。

崔萍（2010）利用上市公司數據考察了承接服務外包對於企業技術創新的作用，實證研究表明，承接服務外包對於企業技術投入強度和技術創新產出方面都有顯著的影響，兩者之間呈現明顯的正向關係[③]。另外有研究指出，影響服務外包企業技術創新的因素還有企業規模和政府補助。

闞澄宇、鄭繼忠（2010）在對大連市軟件企業離岸服務外包情況進行調研的基礎上，對承接服務外包所產生的技術外溢效應進行了實證分析，結果表明大連市軟件行業承接服務外包具有顯著的技術外溢效應，即跨國公司的人力資本、技術研發投入、管理經驗等因素通過各種渠道導致技術的非自願擴散，促進大連市技術進步和經濟增長[④]。

(三) 服務外包對發包國勞動就業的影響

一種觀點認為，服務外包在短期內也許會導致發包國某些行業失業率的升高，但是就長期而言，對發包國總體就業率影響不大。Garner 研究機構（2004）指出美國服務外包提供給國外的服務崗位，只占總就業崗位較小的比

---

[①] 劉紹堅. 承接國際軟件外包的技術外溢效應研究 [J]. 經濟研究，2008 (5)：105-115.
[②] 王曉紅. 中國承接國際設計服務外包的技術外溢效應研究：基於中國80家設計公司承接國際服務外包的實證分析 [J]. 財貿經濟，2008 (8)：84-89.
[③] 崔萍. 承接服務外包對企業技術創新的影響：基於中國IT行業上市公司面板數據的實證研究 [J]. 國際經貿探索，2010 (8)：47-64.
[④] 闞澄宇，鄭繼忠. 服務外包的技術外溢效應研究：基於大連市軟件外包行業的分析 [J]. 國際貿易問題，2010 (6)：72-80.

重，而且從長期來看，服務外包不會降低美國的就業和生產率，相反，部分工作人員可以從外包崗位中轉移出來從事更高收入的工作，可以提高其生活水準①。

Amiti 和 Wei（2005）通過分析美國服務外包對就業的影響，認為本部門創造的新的就業崗位很有可能可以彌補服務外包導致的就業損失，這將大大削弱服務外包對就業的負面影響②。

Bhagwati 和 Srinivasan（2004）的研究表明，服務外包會降低發包國對低技能勞動者的需求，然而增加了發包國對高技能勞動者的需求③。因此，短期內對低技能勞動者的就業和收入有一定的影響，但就長期而言，低技能勞動者可以接受再培訓，提升技能進入報酬更高的行業。

Görg 和 Hanley（2005）認為，服務外包有利於就業率的提高。他們以愛爾蘭電子工業為例，研究了國際服務外包對生產率與就業的影響，研究表明服務外包可以通過提高企業勞動生產率以及擴大企業生產規模，進而增加對勞動力的需求④。

Agrawal 和 Farrell（2003）研究指出，商務流程、金融等領域的外包服務會比較多，而零售、餐飲與旅遊等行業需要面對面的服務極少外包，因此服務外包對就業率影響不大⑤。

另一種觀點認為，服務外包將導致發包國的失業率上升，因此發包國應該謹慎對待服務外包，國家適時可以出抬措施限制本國企業將工作機會轉移出去。Kripalani、Engardio、SHamm（2003）指出美國大型跨國公司近年來產生的至少有三分之一的 IT 工作崗位以離岸外包的形式，被發展中國家獲取了⑥。

Bosworth（2004）研究認為，由於信息、技術的迅猛發展，美國將大量 IT 工作通過離岸外包的方式轉移到了其他發展中國家，抵消了美國經濟近年來快

---

① GARNER C A. Offshoring in the service sector: economic impact and policy issues [J]. Economic Review, 2004, 89 (3): 5-37.

② AMITI F M, WEI S J. Fear of service outsourcing: is it justified? [J]. Economic Policy, 2005, 20 (42): 308-347.

③ BHAGWATI J, SRINIVASAN T N. The muddles over outsourcing [J]. Journal of economic perspectives, 2004, 18 (4): 93-114.

④ GÖRG H, HANLEY A. International outsourcing and productivity: evidence from the irish electronics industry [J]. North American journal of economics & finance, 2005, 16 (2): 255-269.

⑤ AGRAWAL V, FARRELL D. Who wins in offshoring [J]. Mckinsey quarterly, 2003: 37-41.

⑥ KRIPALANI M, ENGARDIO P, HAMM S. The rise of India [J]. Business Week, 2003, 12 (8): 66-78.

速增長創造出的就業機會①。

國外學者大多基於發達國家的立場來討論服務外包的就業效應，站在發展中國家立場的研究較少。Dossani（2005）站在承接國的角度，研究了印度承接離岸服務外包的影響，說明了服務外包提高了承接國的就業率②。

最近幾年國內也有學者開始關注中國發展服務外包的就業和工資效應，但是專門研究這些方面的人並不多，研究成果也較少。盧鋒（2007）③、王曉紅（2007）④ 等學者指出中國具有承接服務外包的某些人力資本優勢，但是並未論證服務外包的人力資本需求。陳銀娥、魏君英（2010）⑤ 運用時間序列的計量方法，實證分析了中國 1997—2007 年國際服務外包對於就業的影響效應，研究表明，服務外包對於就業和工資的影響均為正效應。

**四、文獻簡評**

綜上，國內外現有文獻取得如下研究成果：

第一，對國際分工思想的演進，現有文獻主要從三個方面進行了探討：一是在傳統貿易理論框架下進行的研究；二是引入交易費用和合約經濟的研究；三是基於微觀企業生產組織選擇離岸外包決策。由此，對「工序分工與貿易」進行了準確的界定。

第二，在現有外包理論的研究框架下，試圖從經濟學、管理學和社會學的角度，將服務外包的研究也納入進來，用來解釋服務外包產生的動因，提出了服務外包理論的適用性問題。

第三，對服務外包效應的探討主要集中在工資效應和貿易利得效應。對於發達國家而言，生產率效應主導著勞動力供給效應，外包的性質類似於提高生產率和薪資水準的科技進步；對於發展中國家而言，就業擴大引起收入提高以及生產率提高引起工資增長，總體來說，服務外包起到正向影響工資的效應。就貿易利得而言，學者們對發達國家與發展中國家在國際貿易中的利益分配仍

---

① BOSWORTH B. Challenges to the U.S. economy: economic imbalance in the growing economy [J]. The research conference of the tokyo club foundation for global studies, 2004: 65-67.

② DOSSANI R. Globalization and the offshoring of services: the case of india [J]. Brookings Trade Forum, 2005: 241-267.

③ 盧鋒. 當代服務外包的經濟學觀察產品內分工的分析視角 [J]. 世界經濟, 2007 (8): 22-35.

④ 王曉紅. 新一輪服務業離岸外包的理論分析 [J]. 財貿經濟, 2007 (9): 75-80.

⑤ 陳銀娥, 魏君英. 國際服務外包對中國就業結構的影響分析 [J]. 中國人口科學, 2010 (2): 55-64.

有爭議。

經筆者梳理文獻發現，現有研究存在以下不足：

第一，國外學者對於服務外包的研究比較少，主要集中於製造外包的研究，研究框架大致有兩大類：一是在標準國際貿易理論框架下，建立在比較優勢理論和新貿易理論的基礎上；二是將新制度經濟學中的企業理論、信息經濟學和跨國公司理論融入貿易理論的全球生產組織理論。僅有的服務外包的研究主要針對某一具體方面，比如白領工作及收入，缺乏整體性和系統性。對於服務外包的理論基礎有待進一步補充和說明。

第二，國內學者對於服務外包的研究，主要集中於跨國公司服務外包的動因、服務外包策略以及一國承接服務外包的經濟效應等方面，割裂了服務外包和國際分工的關係，並沒有從國際分工的視角去分析中國參與服務外包所得到的貿易利益，不能很好地反應當前宏觀經濟轉型和發展服務業的走向。服務外包作為參與全球工序分工的一種主要形式，其對於雙方參與國來講，獲取了怎樣的貿易利益，如何衡量，受到哪些因素的影響以及如何通過實現服務外包價值鏈的升級以獲取更大貿易利得，在這些方面缺乏系統的研究。

Grossman 和 Rossi-Hansberg（2008）構建了一個存在離岸外包的工序貿易模型，將交易成本變量和技術因素加入傳統的國際分工理論框架，建立「拓展 Ricardo 模型」和「拓展 H-O 模型」，從而將傳統分工理論拓展到產品內國際分工的利益分析上[1]。本書在此基礎上，將相關理論拓展到服務外包領域的分析，關注服務外包的貿易利得問題，並應用於中國實踐，這也是本書的研究方向。

## 第三節 研究內容和框架

本書基於國際分工的視角，探討了全球價值鏈背景下全球服務外包的發展現狀，進而從宏觀和微觀兩個角度分析了服務外包的貿易利益來源、作用機理及中國參與服務外包貿易利益的大小和影響因素，最後指出中國如何通過發展服務外包產業，加快服務業的轉型升級，提升在全球價值鏈分工的地位，從而獲取更大的貿易利益。

---

[1] GROSSMAN G M, ROSSI-HANSBERG E. Trading tasks: a simple model of offshoring [J]. American economic review, 2008, 98 (5): 78-97.

全書分四個主要部分。

第一部分是緒論和第一章。緒論主要介紹研究的背景和意義，對國內外相關文獻進行梳理，並提出本書的研究內容、研究方法、主要創新。第一章是研究的基本範式，主要是對服務外包相關概念進行界定，區分外包、製造外包和服務外包，以及區分在岸服務外包、離岸服務外包和國際服務外包這些概念。對國際分工的發展脈絡進行梳理和總結，以便認清當前全球價值鏈分工的歷史背景和發展現狀。

第二部分是本書的主體，包括第二章到第五章。第二章是理論基礎，從宏觀和微觀兩個角度分析了貿易利益的來源。這裡涉及比較優勢、規模經濟、制度變遷、契約完備性和企業異質性等理論。第三章對服務外包的貿易利益機制加以分析，主要從經濟增長、就業擴張、技術進步和產業升級四個方面來分析對服務外包參與國的影響。第四章就上述四個方面對中國服務外包的貿易利益進行經驗研究，構建數理模型並運用計量軟件進行數據處理，以便對中國參與服務外包的獲益大小進行準確的測度，從而對中國在全球價值鏈分工體系中的地位進行準確判斷。第五章考察中國參與服務外包，獲取貿易利益的影響因素；主要從多邊貿易規則、區域貿易安排、政治博弈以及內部產業環境等方面來分析；通過對中國服務外包優劣勢的分析，明確中國服務外包競爭力提升路徑，以便不斷攀升全球價值鏈地位。

第三部分是構建政策體系，主要內容包括第六章。第六章分析中國在全球價值鏈分工體系中服務外包發展方式轉型戰略。筆者在這部分內容中提出如何提升中國服務外包的水準，推動服務業和服務貿易的發展，獲取更大的貿易利益，促進中國經濟結構轉型和高質量發展的對策。

第四部分是結論與展望，主要內容包括第七章。本部分是對全書研究進行總結，並談談今後研究的方向。

# 第四節　研究方法和創新

**一、研究方法**

1. 國際貿易理論的綜合運用

本書將結合傳統國際貿易理論、新國際貿易理論、新新國際貿易理論以及其他流派的國際貿易理論來研究服務外包的貿易利益問題。國際貿易理論經歷了從「外生」到「內生」，從「產業分析」到「產品分析」，從「宏觀國家」

到「微觀企業」的發展路徑。服務外包這一分工形態需要多種理論嫁接結合來加以綜合分析和刻畫。無論是對貿易利益來源的分析還是對作用機理的分析都是經濟學理論方法的綜合運用。

2. 定性分析與定量分析相結合的方法

本書採取經濟學中的邏輯實證和經驗實證的具體方法，對服務外包貿易利益問題進行系統的剖析。在定性分析部分，構建經濟學模型，提出服務外包貿易利益來源和作用機理的基本分析框架，融合新制度經濟學方法，分析貿易利益分配的影響因素。在定量分析部分，採用描述性統計和計量統計模型相結合的方法進行經驗研究，採用面板數據分析方法和計量軟件對中國服務外包的貿易利益進行了經驗分析。

### 二、主要創新

1. 研究視角創新

全球價值鏈理論是一個全新的國際貿易理論框架，本書在此框架下以服務外包作為參與全球價值鏈分工的載體，系統探討了服務外包參與國的貿易利益問題，重點分析了中國在全球服務外包分工體系中獲得哪些貿易利益，受到哪些因素的影響，貿易利益地位如何等問題。此外，本書結合「一帶一路」倡議所帶來的契機，提出構建面向「一帶一路」服務外包新的分工體系，以突破全球價值鏈分工陷阱，加快產業轉型升級的一般思路，對中國具有較強的政策意義。

2. 理論創新

服務外包作為參與國際分工的新的貿易模式，本身具有多元性和複雜性，現存的單一理論對服務外包貿易利益的解釋不可避免地顯現片面性和單薄性。本書將傳統貿易理論中對於貿易利得的討論拓展到服務貿易領域，融合了新貿易理論、新新貿易理論、不完全契約理論以及產業組織理論，從宏觀的比較優勢、規模經濟和制度變遷，微觀的交易成本和企業異質性等角度分析了服務外包的貿易利益來源，為今後的實證研究提供基本的理論框架，是對全球價值鏈和服務外包理論體系的補充。

3. 研究內容創新

傳統貿易理論在討論貿易利得效應時候往往只是籠統描述為福利水準的上升。而現有文獻涉及服務外包效應方面基本都是對單一方面的討論。本書將貿易利益分解為經濟增長、就業擴張、技術進步、產業升級四個方面，筆者研究了其作用機理，同時通過構建計量模型對中國上述四個方面的貿易利益進行經

驗研究，為今後進一步的實證分析奠定了基礎。

4. 研究方法創新

發展中國家一般是以接包國的身分參與到國際分工中，但是越來越多新興市場國家也具備了發包的條件，這也符合中國「走出去」的戰略方向。因此，在實證分析中，將接包和發包納入同一框架中，建立一個統一的接、發包模型，實現承接外包和對外外包有力地結合和統一，全面分析無論是作為承接國還是發包國，服務外包給中國帶來的貿易利益。

**註釋：**

[1] 數據來源參考亞太總裁協會（APCEO）全球執行主席鄭雄偉發布的《2013全球服務外包發展報告》概要。

[2] 同[1]。

# 第一章　全球價值鏈與服務外包的發展

## 第一節　服務外包的歷史邏輯：國際分工的歷史演變與發展

### 一、國際分工形式的歷史演變

一般來說，國際分工指世界範圍內各國（地區）之間的勞動分工，是各國生產者通過世界市場形成的勞動聯繫，是國際貿易和各國（地區）經濟聯繫的基礎。它是社會生產力發展到一定階段的產物，是社會分工從一國國內向國際延伸的結果，是生產社會化往國際化發展的趨勢。

按照各國分工後貿易商品相對屬性進行分類，國際分工可以從產業間分工、產品內分工和工序分工三個層次進行解構。

#### （一）產業間分工

產業間分工的邏輯起點是國家商品交換，是從國家的角度即宏觀角度來分析世界商品流量變化、結構模式和福利效應的，其機制具體到參與分工的實體上，應該是各個產業，或者說是各個部門。

表1-1比較了產業間分工和產業內分工內涵和外延之間的聯繫和區別。如表1-1所示，第二次世界大戰以前，世界貿易格局的基本狀況是發達國家與發展中國家的垂直型分工，而這種貿易發生在產業之間，所以屬於典型的產業間分工。發達國家進口來自發展中國家的初級產品，在國內進行生產加工，並將工業製成品出口到發展中國家。世界貿易的主要貿易形式為發達國家和發展中國家之間的「南北貿易」。

表 1-1　產業間分工和產業內分工比較

| 分工類型 | 比較項目 ||
|---|---|---|
| | 產業間分工 | 產業內分工 |
| 盛行時期 | 第二次世界大戰之前 | 第二次世界大戰之後 |
| 分工特點 | 不同產業之間進行 | 同一產業不同產品之間進行 |
| 參與國家特點 | 國家資源稟賦和勞動生產率差異對分工影響大 | 國家資源稟賦和勞動生產率差異對分工影響小 |
| 貿易模式特徵 | 發展中國家出口初級產品，發達國家出口工業製成品 | 發達國家之間出現了水準分工，發達國家和發展中國家之間依舊是垂直分工 |
| 分工複雜性 | 各國產業單一，分工較為簡單 | 各國產業差異和重疊相互交織，世界分工體系錯綜複雜 |
| 市場結構特點 | 完全競爭 | 壟斷競爭 |
| 分工形成基礎 | 勞動生產率和資源稟賦 | 產品異質性、規模經濟，重疊需求等因素綜合決定 |

資料來源：曾錚，王鵬．產品內分工理論的歷史沿承及其範式嬗變［J］．首都經濟貿易大學學報，2007（1）：86-91．

　　第二次世界大戰以後，第二次工業革命引起了國際分工的巨大變革。第一，工業製成品產業內貿易的比重上升。由於世界各國農業生產的比重長期下降，同時發達國家基本實現了農業的自給自足，使得傳統的工業國家生產並出口工業製成品和農業國家生產並出口初級產品，這種垂直分工模式被逐漸弱化。第二，產業內分工開始跨國進行。現代化運輸、信息等手段的發展為一國產業內的分工跨越國界形成國際化的產業內分工提供了必要條件。第三，發達國家之間的產業內貿易成為主流。世界市場不斷擴大，新產品不斷湧現，產品的種類大大豐富，發達國家之間製成品貿易構成了世界貿易的主體。同時，科技革命的發展也為發達國家向發展中國家產業轉移提供了現實基礎。生產的標準化、柔性製造系統的出現和發展使得發展中國家承接發達國家的技術轉移提供了可能性。工廠的自動化技術不僅可以適用於發達國家的大型工業項目，還可以用於發展中國家的中小型企業的生產。實現了發達國家和發展中國家產業內的國際分工。第四，產業內分工成為主導的分工形式。科技的創新，伴隨著產業結構的升級和調整，新興產業和衰退產業之間的更替日趨頻繁，為產業內分工和貿易的發展提供了經濟基礎。

(二) 產品內分工

第二次世界大戰以後，隨著科技革命和信息技術的發展，國際貿易中中間產品的比重日趨增大，各國之間的貿易形式開始由產業間貿易和產業內貿易，轉向了產品內貿易。在國際經濟學領域，學者們開始使用產品內分工（intra-product specialization）的概念來描述當代國際分工體系的特徵[①]。

我們將產品內分工定義為特定產品生產過程中，不同國家專業化於產品生產價值鏈的不同環節（包括不同工序、不同區段、不同零部件）的生產。從某種意義來講，產品內分工實質是生產在不同國家（地區）之間的區位選擇，形成以工序、區段、環節為對象的分工體系。它既可以通過跨國公司內部交易來實現，也可以通過市場行為，尋求境外非關聯企業來實現。產品內分工是國際分工的進一步深化，它可以表現為發達國家之間水準形的中間產品貿易，也可以表現為經濟發展水準有差異的國家之間垂直形的中間產品貿易。無論是橫向擴展方式還是縱向延伸方式，其表現形態主要有加工貿易、代工生產（OEM）、貼牌製造（ODM）、境外投資（FDI）、國際外包、國際戰略聯盟等等。

(三) 工序分工

產品內分工這個概念本身存在內在缺陷。因為，在全球工序分工中，整個生產鏈條由多個環節分工協作來完成，而且有先後的時間順序，這個過程可以是連續或者非連續的，也會變得越來越長。整個生產鏈條的中間產品既可能是一個工序，也可能是一個產品。例如，生產一輛汽車，對於汽車生產過程而言，發動機是一道工序，但它也可以拿到市場上進行貿易，因為它也是一種產品。在這一概念的界定上，產品內分工理論存在模糊的因素，產生悖論的原因就在於產品和工序這兩個概念沒有區分得很清楚。這充分反應了產品內分工的界定存在模糊性，並未能將產品和工序這兩個概念區分開。產品分工的外延過於寬泛，它既可以是最終產品也可以是中間產品貿易。在產品內分工相關理論中，還有很多對這國際貿易新形式的概念定義，比如零散化生產（fragmentation production）、垂直專業化（vertical specialization）、國際生產分割（international fragmentation of production）、國際生產非一體化（international disintegration of production）、全球生產分享（global production sharing）、國際外包

---

① HUMMELS D. Fragmentation: New Production Patterns in the Global Economy. Sven W. Arndt and Henryk Kierzkowski (eds) [J]. Oxford and New York: Oxford University, Journal of Economic Geography, 2002: 43.

(international outsourcing)、萬花筒式比較優勢（kaleidoscope comparative advantage）和價值鏈切片（slicing up the value chains），等等，但是這些定義都難以對分工及其貿易的現實特徵進行刻畫。Grossman 和 Rossi-Hansberg（2006）用工序貿易（tasks trading）代替其他概念和範疇，以描述生產國際化的深入和工序作為中間產品在國家間展開的現實國際分工與貿易特徵。

工序是指一個（或一組）工人在一個工作地對一個（或幾個）勞動對象連續進行生產活動的綜合，是組成生產過程的基本單位。各類工序組合形成最終產品，並生成了一條具有相連關係的鏈式生產組織形式，這種生產組織關係在空間上延伸便形成了產業鏈①。

這一產業鏈體現了某種產品在生產過程中的時空分離，通過跨越不同國家（地區）的工序形成生產聯繫，我們界定這種新型國際分工形式為工序分工（tasks specialization）。工序分工必須滿足三個基本條件：①產品的生產由一個或多個不同的生產工序構成；②生產分佈在不同的國家或地區進行，生產工序跨越國界，實現國際分工；③至少有一個國家在工序生產過程中進口國外中間投入品，並且出口全部或部分最終產品或中間產品（Hummels et al., 2001）。

## 二、國際分工形式的比較

（一）產業間分工與產品內分工

產業間分工的理論主要是比較優勢理論，其可以適用於解釋產品內分工的現象。傳統國際分工的比較優勢來源於產業邊界，而新國際分工的比較優勢來源於價值鏈邊界②。

表1-2通過對比，界定了以產業間分工標準和產品內分工標準之間的關係。如表1-2所示，產業間分工的貿易主體是最終產品，而產業內分工的貿易主體是作為下階段投入品的中間產品。產業內分工相較於產品間分工複雜，可以綜合運用競爭優勢理論、規模經濟理論、比較優勢理論、內部化理論、交易成本理論、信息經濟學理論等理論來解釋其產生的基礎。

---

① 芮明杰，劉明宇，任江波．論產業鏈整合［M］．上海：復旦大學出版社，2006．
② 田文．產品內貿易的定義、計量及比較分析［J］．財貿經濟，2005（5）：77-79．

表 1-2　產業間分工與產品分工的比較

| 比較項目 | 分工類型 |||
|---|---|---|---|
| | 產業間分工 || 產品內分工 |
| | 產業間 | 產業內 | |
| 分工結構 | 垂直型 | 水準型 | 垂直型、水準型 |
| 分工內容 | 最終產品 | 最終產品 | 中間產品 |
| 貿易具體形式 | 一般貿易 | 一般貿易 | 加工貿易、全球外包、國際直接投資、公司內貿易、戰略聯盟等 |
| 基本理論依據 | 比較優勢、資源稟賦理論 | 規模經濟、產品生命週期、重疊需求理論 | 比較優勢、規模經濟、交易成本、內部化、信息經濟學理論 |

資料來源：曾錚，王鵬. 產品內分工理論的歷史沿承及其範式嬗變［J］. 首都經濟貿易大學學報，2007（1）：86-91.

通過上述分析，我們可以看到產品內分工標準是在世界中間產品貿易盛行的背景下，對產業間分工標準的理論替代。但是，同時它又和產業間分工互為補充，客觀反應了國際貿易體系中的不同類型的分工模式，二者之間具有互補和替代的關係。由此，產業間分工模式和產品內分工模式共同成為當代國際分工與貿易理論的基礎。

（二）產品內分工與工序分工

隨著第一次產業革命對於生產分工的進一步細化，產品內分工開始出現；在戰後第二次產業革命的推動下，出現了可分技術和新的生產方式。工序分工始於20世紀80年代，是交易成本下降的產物，與新興市場國的出現緊密相關，成為當前國際分工的主要形式。

表1-3具體比較了產品內分工和工序分工的概念範疇。產品內分工的主體性質為產品，主要是以實物形態的中間產品，不包括服務產品；此外在一定貿易統計標準下，還包括了一部分最終產品，以滿足消費為直接目的又具有中間產品性質。工序分工主體性質是生產環節或工序，其主體範圍是投入下一生產階段所用的中間產品，不包括任何進入直接消費領域的產品，包括實物形態又包括生產性服務產品。

表 1-3　產品內分工與工序分工的比較

| 比較項目 | 分工類型 ||
| --- | --- | --- |
|  | 產品內分工 | 工序分工 |
| 產生時期 | 第一次工業革命時期 | 20 世紀 80 年代 |
| 產生的經濟基礎 | 科技革命和產業革命引發出現生產可分技術和變革生產方式 | 科技革命和產業革命引起交易成本的下降以及經濟、金融全球化導致信息搜尋成本、交易費用下降 |
| 分工界定範圍 | 既包括同一空間界限下的生產分工，又包括跨空間、時間界限的分工 | 僅僅包括跨空間、時間界限的分工 |
| 分工貿易主體範圍 | 中間產品（實物） | 中間產品(實物)或生產性服務產品 |
| 分工貿易主體性質 | 產品 | 生產環節或工序 |

資料來源：曾錚，王鵬. 產品內分工理論的歷史沿承及其範式嬗變［J］. 首都經濟貿易大學學報，2007（1）：86-91.

綜上，工序分工的概念與產品內分工的概念相比，將貿易主體界定為工序和環節，能更加準確地描述國際化生產的現實，比較符合國際貿易純理論的研究範式和基本內核，呈現出當代國際分工與貿易的新特徵。有些學者從管理學的組織理論出發，提出以產業鏈分工角度來詮釋新的國際分工模式，由此，全球價值鏈概念的界定進一步深化了工序分工與貿易理論。

### 三、全球價值鏈分工與服務外包

（一）全球價值鏈分工與外包的產生

全球價值鏈主要描述了某種商品或服務，從生產到交貨、消費和服務的一系列過程。從組織規模看，全球價值鏈包括參與了某種產品或服務的生產性活動的全部主體；從地理分佈來看，全球價值鏈必須具有全球性；從參與的主體看，有一體化企業、零售商、領導廠商、交鑰匙供應商和零部件供應商。全球價值鏈分工，實現了片段化生產（fragmented production），使得生產要素使用範圍進一步擴大，可貿易服務數量大大增加，開始出現了外包。發達國家利用國內製造業和服務業國際化的趨勢，大力發展外包產業，利用全球資源促進本國經濟發展。而發展中國家以承接國外的製造外包及服務外包為切入點，積極謀求在全球價值鏈中的「嵌入」地位，不斷調整經濟發展戰略[①]。

---

①　JONES R, KIERZKOWSKI H. A framework for fragmentation［M］. In S. Arndt and H. Kierzkowski（ed.）, Fragmentation: new production patterns in the world economy. Oxford, U.K.: Oxford University Press, 2001: 17-34.

由此，在世界範圍內生產產品呈現出三個基本特徵：一是生產產品的工序數量增多，過程變得複雜；二是空間上跨越國界進行產品生產，兩個或者兩個以上的國家生產服務形成產品價值；三是至少一個國家將國外進口投入品運用到工序生產中，生產出的最終產品的一部分或者中間產品出口到其他國家[①]。其中，第一個特徵反應了「外包革命」的生產技術方式，可以歸結為片段化生產（fragmented production），反應了現代產品生產中的工序分割屬性；第二個特徵反應了「外包革命」的生產組織方式，從經濟學角度界定為離岸外包（offshoring），即借助外部市場來實現現代生產協作的一種組織方式；第三個特徵反應了「外包革命」的分工貿易方式，從經濟學角度界定為工序貿易（tasks trading）或者中間品貿易（intermediate goods trade），即以工序、中間品為主的貿易形式體現了現代生產分工貿易的顯著特徵。

1. 生產技術方式：「片段化」生產

「外包革命」產品生產分工方式的主要特徵是以產品內分工模式，而以價值鏈切片（slicing the value chain）為基準的全球價值鏈分工是產品內分工最重要的現實形式[②]。在全球生產網絡體系下，全球價值鏈被分為了三個大的環節：其一是技術環節，包括研究與開發、創意設計、生產及加工技術的提高和技術培訓等分環節；其二是生產環節，包括後勤採購、母板生產、系統生產、終端加工、測試、質量控制、包裝和庫存管理等分環節；其三是營銷環節，或者稱為市場環節，包括分銷物流、批發及零售、廣告及售後服務以及品牌管理等分環節[③]。正是在全球化的背景下以及生產「可分技術」的實現，全球價值鏈的三個大環節開始空間分離，甚至其小的分環節也一一隔離，在不同的國家和地區進行分割生產，從而確立「片段化」生產（fragmented production）成為「外包革命」的基本生產技術方式[④]。

2. 生產組織方式：離岸外包

「片段化」生產技術的成熟，使得跨國工序生產協調的成本大為降低。微

---

[①] HUMMELS D L, ISHII J, YI K M. The nature of growth of vertical specialization in world trade [J]. Journal of International Economics, 2001, 54 (1): 75-96.

[②] KRUGMAN P. Growing world trade: Causes and consequences [J]. Brookings papers on economic activity, 1995 (1): 327-362.

[③] 聯合國貿易與發展會議. 2002 世界投資報告：跨國公司與出口競爭力 [M]. 北京：中國財政經濟出版社，2003.

[④] ARNDT S W, KIERZKOWSKI H. Introduction. In Arndt, Swen W. and Kierzkowski, Henryk (ed.), Fragmentation: New Production Pattern in the World Economy. New York: Oxford University Press, 2001: 3.

觀企業為了尋求低成本的競爭優勢，集中公司的有限資源增強企業的核心業務和在市場競爭中的戰略地位以及提高產品綜合競爭優勢，將非核心工序委託給離境的子公司或者外國境內的其他公司進行生產，從而形成「離岸外包」這種基本的生產組織方式①。從 20 世紀 90 年代中期開始，全球信息技術外包（ITO）與業務流程外包（BPO）市場收入的年均複合增長率為 5% 左右。隨著跨國公司離岸外包活動的迅速發展，世界範圍內的生產組織開始扁平化（Flattened），各國的公司通過這個扁平的平臺，聯繫在一起，「外包革命」成為推平世界的主要動力②。

3. 分工貿易方式：工序貿易

隨著全球生產鏈條分割以及與之適應的跨國公司外包活動的出現和盛行，產品的生產活動將在不同所有權主體和跨界區位展開。這樣就必須有一種交易機制，將產品在世界範圍的生產聯結起來③。為了實現這樣的交易機制，跨國公司以市場交易、協議談判和內部交易等多種形式為基礎，通過企業內部市場和外部市場進行相應中間產品貿易，以有效整合全球價值鏈的各個環節。這種中間產品貿易形式和以往最終產品貿易最大的不同，是其貿易主體是產品生產中的工序半成品，一些經濟學家形象地把它稱之為工序貿易④。工序貿易的發展成為 21 世紀「外包革命」中世界貿易的主要方式，由此，工序貿易代表了「外包革命」時代世界分工貿易方式的本質特徵。

（二）服務外包與全球價值鏈地位攀升

服務外包作為一種新興的基於互聯網信息技術的業態，正在全球蓬勃發展，已成為服務全球化和服務貿易增長的主要動力，尤其是發展中國家和新興經濟體深入參與國際分工，嵌入全球價值鏈，並實現工業跨越式發展的重要途徑（王紅曉，2017）。

1. 實現生產要素全球範圍的優化配置

服務外包利用互聯網信息技術，實現了在研發、設計、物流、金融、人力資源、信息等服務上生產和消費的分離，產生服務業要素的跨境流動，擴大了生產和消費的規模，打破了空間和地域的限制，使得區域、行業、市場之間相

---

① VINING A, GLOBERMAN S A. Conceptual framework for understanding the outsourcing decision [J]. European management journal, 1999, 17 (6): 645-654.

② FRIEDMAN T L. The world is flat: a brief history of the twenty-first century [M]. New York: Farrar, Straus & Giroux, 2005: 27-35.

③ 金芳. 全球化經營與當代國際分工 [M]. 上海：上海人民出版社，2007：62-65.

④ GROSSMAN G M, ROSSI-HANSBERG E. Trading tasks: a simple model of offshoring [N]. NBER working paper, 2006b (8), No. 12721.

互滲透、融合和依存，提高了服務效率，豐富了服務業態，推動了各國參與服務全球化的進程。

2. 加速全球價值鏈的重構和優化

服務外包構建了共享、共生、共贏、共創的產業生態鏈系統，發包企業成了全球服務網絡體系中的領導者，生態鏈上聚集了各國眾多的服務接包商。他們通過專業化的分工以及高中低端的定位，推動全球價值鏈的縱深發展以及全球市場的深度融合。

3. 促進了發展中國家產業升級

服務外包通過發包方和接包方之間的長期、密切的合作，實現了發達國家和發展中國家生產要素的雙向流動。發展中國家利用發達國家的資源和創新要素，特別是高新技術產業和新興產業的發展，不斷攀升全球價值鏈的高端，突破傳統升級路徑的束縛，實現跨越式發展。比如，印度、愛爾蘭大力發展軟件外包，打破了農業到工業再到服務業的傳統升級路徑，加快了經濟國際化、信息化和服務化的進程。

4. 提高了全球化的創新效率

服務外包利用全球研發設計和創新資源，大大縮短了新技術、新產品的研發週期。發達國家往往採用「眾包」方式，將研發設計外包給發展中國家，不僅節約了雇傭成本、防範了風險，而且能保持其全球領先地位，加快了創新速度。特別是，「眾包」推動「眾創」，公眾的參與度不斷提高，社會化創新體系的建立提升了創新效率。

## 第二節　服務外包的基本範疇

### 一、外包的概念

外包這一概念最早由 Prahalad 和 Hamel（1990）兩位學者提出，他們從「outsourcing」一詞中來解讀其內涵，認為「outsourcing」是「outside source using」的縮寫，即外包實際上就是一種外部資源利用的過程。企業在有限資源約束下，為了提高效率，將一些非核心業務以外包合同的方式交由外部企業來完成，而自身致力於內部更具有競爭優勢的核心業務。這種資源整合的管理模式就是外包[1]。

---

[1] PRAHALAD C K, HAMEL G. The core competence of the corporation [J]. Harvard business review, 1990, 68: 79-91.

其他的學者也從企業和外部接包企業（供應商）的關聯角度，給出了相似的定義。如 Loh 和 Venkatraman（1992）認為外包是接包企業承擔了與發包企業相關的物質活動和人力資源活動①。Kotabe（1992）認為外包是接包企業提供中間產品的程度②。Thkac（1994）認為外包是一種資產轉移業務（如計算機、網絡等）③。Willcocks（1995）認為外包是企業將內部組織部分或者相關服務交給外部企業管理而獲得預期收益④。Johnson（1997）認為外包是通過改變服務傳遞方式與內部員工管理模式來實現管理責任或義務向外部組織的轉移⑤。Grossman 和 Helpman（2005）認為外包是指企業通過購買中間投入品，進行專項投資，建立在不完全契約基礎上的合作關係，從而實現公司對某些特定服務和產品的需求⑥。

綜上，企業可以將外包抽象為某種投入產出關係。對於特定企業和生產活動，投入和產出具有顯而易見區分。外包是在產出不變時，把部分投入環節轉移到外部完成的管理方法或分工形態⑦。

## 二、服務外包的概念

服務外包的概念可以從兩個維度加以界定，一是屬性維度。《商務大辭典》中外包的定義為：服務外包指參與雙方簽訂含有標準和條件的契約，依據契約的規定把原先由內部人員提供的服務轉移給外部組織，由外部組織來承擔此服務（盧鋒，2007b）。美國畢博諮詢公司認為：服務外包就是指企業為了將有限資源專注於其核心競爭力，以信息技術為依託，利用外部專業服務商的知識勞動力，來完成原來由企業內部完成的工作，從而達到降低成本、提高效率、提升企業對市場環境的迅速應變能力並優化企業核心競爭力的一種服務模式（江小涓 等，2008）。

---

① LOH L, VENKATRAMAN N. Diffusion of information technology outsourcing: influence sources and the Kodak effect [J]. Information system research, 1992, 3 (4): 1-41.

② KOTABE M. Global sourcing strategy: R&D, Manufacturing and marketing interfaces. Quorum Books, 1992.

③ TAKAC P F. Outsourcing: a key to controlling escalating IT costs? [J]. International journal of technology management, 1994, 9 (9): 139-155.

④ WILLCOCKS L, FITZGERALD G, FEENY D. Outsourcing IT: the strategic implications [J]. Long range planning, 1995, 28 (5): 59-70.

⑤ JOHNSON M. Outsourcing in Brief [M]. London: Butterworth-heinemann oxford, 1997.

⑥ GROSSMAN G M, HELPMAN E. Outsourcing in a Global Economy [J]. Review of economic studies, 2005, 72 (1): 135-159.

⑦ 盧鋒. 當代服務外包的經濟學觀察：產品內分工的分析視角 [J]. 世界經濟, 2007 (8).

國內相關的研究機構給出了類似的界定,中國服務外包研究中心認為,服務外包是指企業將價值鏈中原本由自身提供的具有基礎性的、共性的、非核心的 IT 業務和基於 IT 的業務流程剝離出來後,外包給企業外部專業服務提供商來完成的經濟活動[1]。亞太總裁協會(APCEO)在其發布的報告中指出,服務外包是企業為專注核心業務、實現經營目標,將 IT 系統開發和架構、應用管理以及業務流程優化等非核心業務剝離出來後,轉移給專業服務提供商來完成的經濟活動(鄭雄偉,2009)。

二是類別維度。美國高德納諮詢公司(Gartner Group),按最終用戶與 IT 服務提供商所使用的主要購買方法將 IT 服務市場分為離散式服務和服務外包。服務外包又分為:IT 外包(ITO)和業務流程外包(BPO)。ITO 被進一步細分成數據中心、桌面、網絡與企業應用外包等。BPO 則包括物流、採購、人力資源、財務會計、客戶關係管理、其他管理或面向消費者的業務功能等[2]。

國際數據公司(IDC)認為 IT 服務市場由三個子市場構成:IT 外包(ITO)市場、諮詢及系統集成市場(C&SI)以及技術產品支持市場(TPS)。IT 外包(ITO)市場和主要業務外包(BPO)市場共同組成了服務外包市場。前者屬於 IT 服務,可細分為系統操作服務、系統應用服務、基礎技術服務等,而後者屬於業務服務,包括企業內部管理服務、企業業務運作服務、供應鏈管理服務等[3]。

美國麥肯錫管理和諮詢公司(Mc Kinsey & Company)進一步將服務外包細分為四類:IT 應用服務外包、IT 基礎設施服務、業務流程外包、設計研發服務。IT 應用服務外包涉及應用軟件的開發與維護、系統集成和諮詢;IT 基礎設施服務涉及 IT 基礎營運的硬件、軟件、服務器和大型主機等的營運和維護;業務流程外包涉及人力資源、財務、採購和客戶支持;設計研發服務涉及產品的概念設計、計算機輔助設計、嵌入式軟件的設計開發、產品開發、測試與本地化等活動(江小涓 等,2008)。

中國商務部參照上述機構的劃分標準,從類別維度給出了服務外包的定義:服務外包業務是指服務外包企業向客戶提供的信息技術外包服務(ITO)和業務流程外包服務(BPO)[4],如表 1-4 所示。

---

[1] 李志群,朱曉明. 中國服務外包發展報告 2007 [M]. 上海:上海交通大學出版社,2007.
[2] 同[1]。
[3] 同[1]。
[4] 中國商務部. 商務部關於實施服務外包「千百十工程」的通知 [Z]. 2006.

进一步，随著服務外包價值鏈的提升，知識流程外包（Knowledge Process Outsourcing, KPO）開始興起。作為業務流程外包（Business Process Outsourcing, BPO）的高端業務類型，相比一般的服務外包具有高附加值和高利潤率的特點，進入到基於知識型的、側重流程創新、以市場研發和業務分析為主的領域，這些領域最為接近發包方核心競爭優勢。

表 1-4　服務外包的業務劃分

| 類別 | | 內容 |
| --- | --- | --- |
| 信息技術外包服務（ITO） | 系統操作服務 | 銀行數據、信用卡數據、各類保險數據、保險理賠數據、醫療/體檢數據、稅務數據、法律數據等數據（包括信息）的處理及整合 |
| | 系統應用服務 | 信息工程及流程設計、管理信息系統服務、遠程維護等 |
| | 基礎技術服務 | 承接技術研發、軟件開發設計、基礎設計或基礎管理平臺整合或管理整合等 |
| 業務流程外包服務（BPO） | 企業內部管理服務 | 為客戶企業提供企業各類內部管理服務，包括後勤服務、人力資源服務、工資福利服務、會計服務、財務中心、數據中心及其他內部管理服務等 |
| | 企業業務運作服務 | 為客戶企業提供技術研發服務、銷售及批發服務、產品售後服務（售後電話指導、維修服務）及其他業務流程環節的服務等 |
| | 供應鏈管理服務 | 為客戶企業提供採購、運輸、倉庫/庫存整體方案服務等 |

資料來源：李志群，朱曉明. 中國服務外包發展報告［M］. 上海：上海交通大學出版社，2007.

ITO 是指信息技術類的服務，內容包括：系統操作服務、基礎技術服務、系統應用服務等。BPO 是指基於 IT 技術業務流程類的管理、營運和維護服務，內容包括：內部管理服務、供應鏈管理服務、企業業務運作服務等。KPO 是指知識流程類的服務，針對價值鏈的高端環節的「用戶化的研究解決方案」（customized research solution），內容包括：市場調研、業務諮詢、投資評估分析、法律及保險業務、藥劑研發、專利申請處理、芯片設計與系統嵌入等其他 R&D 業務。KPO 與 BPO 的區別如表 1-5 所示。

表 1-5　KPO 與 BPO 的區別

| 客戶所屬行業 | BPO 提供的服務 | KPO 提供的服務 | |
|---|---|---|---|
| 保險 | 呼叫中心、客戶支持 | 索賠分析 | 核保、資產管理 |
| 諮詢 | 後臺支持 | 全球範圍內的研究分析 | 整合性的報告 |
| 銀行 | 結算 | 財務分析 | 投資分析 |
| 醫療 | 呼叫中心、客戶支持 | 專利設計 | 專利組合與分析 |
| 電信/零售等 | 呼叫中心、客戶支持 | 數據分析 | 戰略性研究 |

資料來源：根據 Evalueserve（www.evalueserve.com）網站的數據整理。

　　ITO 和 BPO 的相同點在於都是基於信息技術，而 ITO 更加偏重於技術，BPO 更加偏重於業務流程。ITO 要求承接方必須具有較高的軟件技術和計算機水準。BPO 關注承接方的管理和服務水準，與承接方的關係更為緊密，涉及企業內部運作和客戶端活動，主要幫助解決企業業務和營運效率問題。相對 ITO 而言，BPO 更能滿足客戶對於成本和靈活性的要求，是服務外包發展的趨勢，其業務範圍迅速擴大到諸多行業，比如銀行、保險、IT 製造業和消費品行業。KPO 是 BPO 沿著價值鏈高端環節的進一步延伸和發展，是 BPO 的高級形態，涉及知識型、流程創新、市場研發和業務分析方面的領域，具有高附加值和高利潤率的特點。

　　此外，在一些國內文獻中，服務外包概念往往會跟軟件外包（software outsourcing）混淆。實際上，從服務內容上看，軟件外包只是 ITO 中關於軟件部分的外包，分別針對用戶軟件產品的研發以及終端客戶的應用系統開發。具體而言，涉及應用軟件設計與開發、測試與維護、應用軟件系統集成以及應用系統的數據服務等。因此，大多數 ITO 都是以軟件外包的方式呈現的，軟件外包構成信息技術外包中最主要的部分。

　　綜上，本書認為服務外包按照性質屬性來加以界定比較準確。如果交易對象屬於零部件或者中間投入品，那麼這項外包業務就屬於製造外包，如果交易對象屬於特定服務生產環節或是生產性服務投入，那麼這項外包業務則屬於服務外包。區分兩者的界限在於外包業務（特定工序）的屬性，而不是發包方的行業屬性。因此，服務外包實際上既可以發生在製造業部門也可以發生在服務業部門，既可以是製造業領域生產者服務的外部化，也可以是服務業領域內某些專業服務環節的外部化。

### 三、服務外包的類型

根據發包方和接包方所在地的不同，服務外包可以分為在岸服務外包、近岸服務外包和離岸服務外包。在岸服務外包主要指在服務外包活動中服務轉移方和服務承接方同屬一個國家，服務外包工作在境內完成；近岸服務外包主要指服務外包活動中服務轉移方和服務承接方分屬不同國家但是位置相鄰，服務外包工作跨境完成，近岸服務外包因其語言和文化背景相似，通常具有一定的成本優勢；離岸服務外包主要指服務外包活動中服務轉移方和服務承接方分屬不同國家，而且並非鄰近國，服務外包工作跨境完成。

隨著市場不斷成熟及服務承接方在流程和商業知識方面掌握程度的提高，外包內容從以往的數據錄入、採購委託、銷售代理等重複性的勞動密集型內容到更為複雜的整個流程的業務內容。當前離岸服務外包的業務主要有三類：IT應用開發、編程、測試及網絡支持；客戶關係呼叫中心、客戶支持及銷售；金融及會計營運服務、數據處理和管理、項目管理。

關於近岸/離岸服務外包主要有兩種類型：①作為服務轉移方，一是跟境外的獨立的服務承接方簽訂服務外包合同開展服務項目外包；二是直接在境外採取獨資或者合資的方式建立子公司或者服務中心（基地）為母公司服務。②作為服務承接方，一是在本土境內承接來自境外的服務外包；二是到境外設立離岸外包交付中心，開拓海外市場，承接當地的服務外包業務①[1]。

進一步，我們可以定義離岸自營：它是指發包方將外包活動轉移給海外附屬機構來完成，實際上具有企業「內包」的特徵，但卻是跨境進行的。因此，某些分析中使用國際服務外包這一概念範疇，既包括了離岸外包，又包括了離岸自營。

從表1-6中可知，當A國企業將某些服務工序或流程委託給B國企業來完成，即為離岸外包；當A國企業將某些服務工序或流程委託其在B國設立的子公司或附屬機構即為離岸自營。與離岸自營的「離岸」相對應的還有一個概念叫作離岸營業，即A國企業在B國投資設立C企業和D企業，C企業將部分服務業務外包給D企業，這一部分屬於離岸營業，離岸營業相當於在岸外包，都不屬於跨境業務活動，不被認為是國際服務外包。

---

① 李志群，朱曉明. 中國服務外包發展報告2007 [M]. 上海：上海交通大學出版社，2007.

表1-6 國際服務外包的概念範疇

| 空間範圍分類 | 企業組織邊界分類 | |
|---|---|---|
| 在岸外包 | 在岸外包 | 不屬於國際服務外包 |
| 離岸外包 | 離岸自營 | 屬於國際服務外包 |

資料來源：袁欣. 服務外包：概念、本質、效應 [J]. 國際經貿探索, 2010 (9): 10-15.

根據世界貿易組織（WTO）的研究報告，將服務外包分為以下4種形式[①]：

（1）有關聯的在岸服務外包（captive onshore outsourcing）：本國企業將服務外包給設在本國的附屬企業。

（2）非關聯的在岸服務外包（non-captive onshore outsourcing）：本國企業將服務外包給本國的非附屬企業。

（3）有關聯的離岸服務外包（captive offshore outsourcing）：本國企業將服務外包給設在境外的附屬企業。

（4）非關聯的離岸服務外包（non-captive offshore outsourcing）：本國企業將服務外包給設在境外的非附屬企業。

綜上，本書中服務外包概念特指WTO定義中的第四種形式，即非關聯的離岸服務外包。在這種方式下，發包方和接包方是建立在契約基礎上而非股權控制之上的，二者無關聯關係。有關聯的離岸服務外包我們認為是服務業FDI的形式，本書不涉及，即本書排除離岸自營這種情況。

## 四、服務外包的統計體系

國際服務貿易是指服務提供者向境外消費者提供服務並獲取外匯收入的過程。當前，在國際服務貿易的統計上有兩個標準，一個是IMF根據《國際收支手冊》編製的國際收支平衡表；一個是WTO在《服務貿易總協定》（GATS）中對服務貿易的界定。統計口徑上，離岸服務外包和國際服務貿易有一定的相關性。我們可以考察離岸服務外包與這兩個服務貿易統計體系的關係，來加深對其內涵和外延的理解。

（一）與國際收支帳戶體系定義的國際服務貿易的關係

國際收支帳戶體系（BP）對服務貿易的界定傾向於按照居民與非居民標

---

[①] WTO. World trade report 2005: Exploring the links between trade, standards and the WTO [R]. http://www.wto.org, 2005.

準來區分交易屬性，居民與非居民之間產生的交易活動才算作國際服務貿易[2]。一個公司在國外設立的子公司是其經營所在國的居民，則為母公司所在國的非居民。也就是說，如果跨國公司在中國設立子公司開展服務外包活動，並且服務的對象是中國企業，它們均屬於中國的居民，它們的交易屬於居民間的交易，仍然屬於國內服務貿易，不計入國際收支帳戶當中。例如，高盛中國公司為中國某家企業的海外上市提供諮詢服務，或者沃爾瑪中國連鎖超市在中國的營業收入，這些情況都不在國際收支平衡表中反應。

與貨物貿易通過商品跨境實現的方式不同，服務貿易可以通過三種方式來實現：①跨境交付。比如一家美國銀行或保險公司向中國的企業提供金融服務，又如一家美國航空公司向中國提供旅客運輸服務，這稱之為美國出口服務或中國進口服務。②自然人移動。一個美國知名樂隊來中國舉辦演唱會，同樣是美國出口服務或中國進口服務。③跨境消費。美國居民到中國旅行，發生了住宿、餐飲、景點門票、交通等消費支出，這是中國出口服務或美國進口服務。國際服務貿易的這一屬性特點與服務的生產、消費時空一致性特質有關，與之相比，貨物貿易生產和消費可以存在時間和空間的分離。這正是服務貿易比貨物貿易實現方式更多樣的主要原因。

（1）離岸服務外包有著明顯的跨境交易的屬性，例如印度的數據處理中心和呼叫中心為日本企業提供客戶詢問服務。這些服務活動既滿足「居民與非居民」的標準，屬於國際服務貿易的內容，同時這些服務活動通過跨境完成又具有「離岸」屬性。隨著當代 IT 技術的迅猛發展，為大量的原本無法實現的跨境交付活動提供了現實基礎，使得國際服務貿易的領域、範圍得到了極大的拓寬，因此，離岸服務外包成了國際服務貿易重要組成部分。

（2）離岸服務外包具有明顯的自然人移動的屬性。在離岸服務外包的早期，美國等發達國家聘用了大量的印度等國軟件工程師參與軟件開發，這種通過自然人移動來完成的離岸服務外包活動，被業界稱之為「body shopping」。後來，跨境交付逐漸取代了自然人移動的方式來實現離岸服務外包，先是利用光盤寄送方式，再後來利用互聯網完成業務的傳遞。然而軟件工程師依舊會被外派到國外與發包方進行工作協調或者提供售後技術服務，自然人流動的形式即使在以跨境交付為主要形式的服務外包中仍然發揮作用。

（3）跨境消費史多與最終消費者在境外的消費支出有關，從表面上看與離岸服務外包的關係不大。但是跟自然人流動類似，接包方需要外派軟件工程師提供服務，同樣發包方企業也會外派相關人員到接包企業所在國接洽工作，

進行商務談判。這個過程可以理解為是發包企業作為特殊消費者，到國外接受接包企業提供的服務，並發生消費支出，視為「消費者移動」實現的服務貿易。

(二) 與 WTO 定義的國際服務貿易的關係

隨著經濟全球化的程度日益加深，其深度和廣度的不斷推進使得服務貿易的範圍也進一步的拓寬。服務貿易的統計體系中加入了外國投資者在國外建立附屬機構，並且為東道國居民提供服務的情況，提出「外國附屬機構服務貿易」(Foreign Affiliate Trade in Services, FATS) 的概念，於是 FATS 成了服務貿易的第四種實現方式，即外國投資者以「商業存在」形式提供服務。

由於服務的提供方和接受方在時空上的一致性，雙方需要密切接觸，因此服務提供方通過在東道國建立附屬機構的方式來提供服務，可以大大降低服務貿易的交易費用。與貨物貿易不同的是，服務投資不會像貨物投資對於貿易有替代作用，還能使得原本沒法交易的服務活動得以正常進行，所以直接投資對於服務貿易來講影響是顯著的。因此，以「商業存在」方式實現的服務貿易納入了《服務貿易總協定》(GATS, 1995) 中，並且聯合國和 WTO 編寫的《國際服務貿易手冊》(2002) 也將其納入服務貿易的定義中。

儘管我們在上文界定離岸服務外包的概念時，並未涉及 FTAS，即以「商業存在」方式實現的國際服務貿易。實際上，外國投資者在東道國設立附屬機構，提供服務外包活動，與 FTAS 有著非常緊密的聯繫，這可以從發包企業和四類接包商的相互關係中可以看出來：

1. 獨立的服務提供商

雙方企業分屬於不同的國家，是「居民」與「非居民」的國際服務貿易性質。例如，北京軟通為日本企業提供軟件服務，大連華信、東軟為美國企業提供外包服務，西安炎興為英國銀行提供信息服務。

2. 發包企業在東道國投資設立企業或分支機構

發包企業在國外設立離岸服務中心 (captives)，為本企業駐外分支機構提供外包服務，比如在印度班加羅爾，IBM、SAP 等大型的跨國公司都設立了自己的離岸服務中心。在中國的簡伯特公司就專門為通用公司的分支機構提供相關的外包服務，這些分支機構大多在東亞國家。

3. 發包企業與接包企業共同組建合資公司

這種類型與第二種類型一樣，發包企業與接包企業具有關聯關係，市場定位和交易方式等方面也大致相同，唯一不一樣的就是股權配置上。比如，日本

最大的軟件銷售商 Softbank 與韓國著名的游戲公司 NCsoft 共同出資在日本設立 NCJapan KK 公司，為 NCsoft 公司在日本展開游戲設計、開發及銷售服務。

4. 發包企業通過 BOT（建設—經營—轉讓）方式建立接包企業

一般情況是，發包企業通過諮詢公司在東道國物色一家企業，與該企業簽訂相應的協議，建立外包服務中心，並由該企業營運，在合約期滿後，再轉讓給發包企業。比如，美國仁科公司通過 BOT 方式在印度開展外包項目，在印度的仁科研發中心已經有 700 多人，而在 2004 年，仁科公司通過北京文思創意軟件公司的競標，同樣採取 BOT 方式開展軟件外包項目。

上述四種模式中，第一種是典型的非關聯的離岸服務外包（non-captive offshore outsourcing），其他三種均具有 FATS 屬性，以「商業存在」方式提供外包服務，屬於有關聯的離岸服務外包（captive offshore outsourcing）。根據本書對於離岸服務外包的界定，後三種模式具有服務業的 FDI 性質，不包括在離岸外包的範疇內，屬於離岸自營的情況。

# 第三節　服務外包的現實表現：現狀與趨勢

### 一、服務外包發展現狀

服務外包於 1960 年在全球範圍內興起，之後的 20 年間，主要以 IT 的硬件服務為導向。主要業務以軟件測試和維護、數據處理為主。從 1981 年開始，直到 2010 年，隨著全球產業鏈不斷重組，服務外包的進程不斷加快。各國對於服務外包的接受程度普遍提高，政府相繼推出了各種支持服務外包產業的政策，服務外包在世界範圍內快速發展起來。

服務外包產業受後金融危機全球經濟下滑的影響，增速開始放緩。但是大數據、雲計算、移動互聯和社交網絡等新技術的應用進一步推動了服務外包的進程，以「互聯網+」為基礎的第四次技術革命成了服務外包市場規模進一步擴大的重要的驅動力量。IDC 的數據顯示，2013 年，全球 IT 服務、業務流程外包兩大項服務支出合計約 10,187 億美元，較 2012 年增長 4.8%。其中，全球 IT 服務支出 6,838.7 億美元，較 2012 年增長 4.2%，佔總支出的 67.1%；業務流程外包支出 3,348.3 億美元，較 2012 年增長 6%，佔總支出的 32.9%。2013 年全球離岸服務外包總支出為 1,684.9 億美元，較 2012 年增長 17.9%，到 2016 年達到 2,687.7 億美元[3]。

從市場結構來看,隨著通信技術、軟件產業的發展壯大,服務外包附加值不斷增加,技術含量不斷提升。全球服務外包業務正逐漸從最基礎的技術層面的外包業務轉向高層次的服務流程外包業務。雖然製造業服務外包在各國中比重仍然較大,但開始逐步向高附加值的行業傾斜,如金融類、通信傳媒類行業服務外包已經開始超越製造業,成為服務外包的主流。BPO總體的增長速度高於ITO,KPO的快速發展將推動服務外包行業向高端化、高科技含量的技術密集型領域發展,主要涉及金融、保險、證券、人力資源、生物工程、知識產權等高端的領域擴展核心業務流程。

表1-7為全球離岸服務外包市場增長率。

表1-7 全球離岸服務外包市場增長率

| 類別 | 2011年市場規模/百萬美元 | 2011年比例/% | 2011—2015年複合增長率/% | 2020年比例/% | 2011—2020年複合增長率/% |
|---|---|---|---|---|---|
| IT服務 | 54,166.6 | 52.8 | 16.0 | 46.4 | 15.0 |
| BPO服務 | 22,964.8 | 22.4 | 17.9 | 23.0 | 17.0 |
| R&D服務 | 25,465.6 | 24.8 | 22.2 | 30.7 | 19.4 |
| 總計 | 102,597.0 | 100.0 | 18.0 | 100.0 | 16.6 |

數據來源:國際數據公司(IDC),2012。

從地區結構來看,2012年歐洲、中東及非洲的服務外包總額為4,860億美元,而美洲地區的服務外包的總金額為3,750億美元,與2011年相比基本維持不變。與此相反,亞太地區服務外包合同總金額為1,300億美元,與2011年相比增長了31%,呈現出快速增長的趨勢。可見,亞太地區儘管所占的份額低於歐美地區,但已經開始成為服務外包的重要市場。

從發包國來看,全球服務外包發包方仍然以發達國家為主。美國、日本、歐洲是主要的發包方,美國占了全球外包市場的64%,歐洲占了18%,日本占了10%,留給其他國家的還不到10%(圖1-1)。可見,發達國家占據了全球服務外包業務相當大的比重,儘管在金融危機之後,發達國家以就業壓力為借口,紛紛實施貿易保護主義的政策,嚴重影響了服務外包規模的增長,但是就整體來說,整個服務外包的格局依然呈現「中心-外圍」的明顯特徵,即以美、日、歐為中心市場。

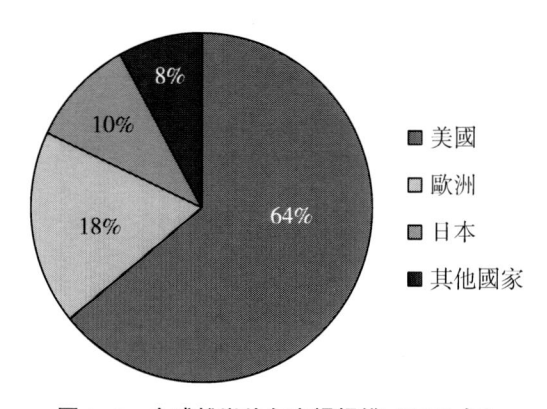

图 1-1　全球離岸外包市場規模（2012 年）

數據來源：國際數據公司（IDC），2012。

從承接國來看，服務外包承接國數量增加明顯，但是發展層次卻參差不齊。

就發達國家而言，加拿大、愛爾蘭、澳大利亞、新西蘭等國是服務外包的大國，具備較好的發展優勢和一定的產業規模，產業發展相對成熟。但是隨著人力成本的提升，多數國家在人力資源方面的優勢已經逐漸喪失，使得這些國家這幾年服務外包發展相對乏力。

就發展中國家而言，近年來服務外包行業發展極為快速，特別是亞太和拉美地區已經成為全球服務外包市場上的重要承接地。亞太地區的發展中國家，比如中國、印度、菲律賓等國在全球服務外包市場中占 60% 以上的份額。這些國家在吸引外資方面表現亮眼，推動了服務外包行業的快速發展。拉美地區的墨西哥、巴西等國也是世界上重要的服務外包承接國。此外，一些相對落後的發展中國家，比如斯里蘭卡、肯尼亞、柬埔寨等，憑藉廉價的人力成本優勢，大有後來居上之勢。

可見，服務外包承接國各自呈現出明顯差異化的國際競爭優勢，主要體現在政府政策支持、自身產業成熟度、行業品牌優勢、語言優勢、市場營銷策略等方面，利用這些差異化優勢參與到全球服務外包分工體系中，並獲取各自的貿易利益。

## 二、服務外包發展趨勢

### (一) 全球服務外包發展前景十分廣闊

美國金融危機過後，全球經濟進入了相對蕭條的狀態，各國紛紛尋求新的經濟形態也刺激經濟的增長，綠色經濟、高科技領域的新興產業得到了世界各

國的廣泛關注，發展很快。服務外包產業作為新興產業的發展方向之一，得到了各國的普遍推崇，大力推動全球服務外包產業的發展，跨國公司也進一步擴大市場規模，實現企業經濟效率的增長。

根據印度產業組織的遠期預測，全球服務外包產業的增長率將維持在30%~40%，預計2020年IT外包的市場規模將達1.4萬億~1.6萬億美元。另據中國商務部的估計，世界500強中的95%以上的跨國公司都有發展服務外包的計劃，全球離岸服務外包的市場規模預計將達到1.65萬億~1.8萬億美元，潛力非常巨大。可見，服務外包將成為未來全球經濟發展的重要推動力量。

(二) 服務外包產業向高端化、融合化方向創新發展

信息技術外包保持著70%的市場份額，占據了全球服務外包市場中的主要地位，業務流程外包和知識流程外包目前衝擊不了其市場地位。但是最近幾年，在專業技術、地區優勢和業務融合的推動下，業務流程外包和知識流程外包呈現出來的高科技、寬領域等特徵逐漸使之成為服務外包新的發展方向。服務外包業務未來將向融合化發展，因此業務流程外包和知識流程外包能順應行業發展的趨勢，逐漸成為主流的方向。

同時，BPO和KPO相對於ITO而言，具有產業高端化和科技化的特徵，企業必須具備營運、管理等各方面的綜合能力，幫助客戶改造業務流程、優化營運成本以及提高客戶的經濟效益。這將推動服務外包產業向縱深領域發展。

(三) 服務外包市場趨於多元化

成本優勢依舊是發包方選擇承接方的主要因素，因此，越來越多具有廉價勞動力的成本優勢的發展中國家加入了服務外包承接國的隊伍中，使得承接國的數量增長迅猛，承接國之間的競爭日趨白熱化。為了避免同質競爭，承接國大多選擇了差異化的市場策略，充分發揮各自的產業優勢、地緣政治優勢、人力資源優勢，從而進行清晰的市場定位和確定發展層次。

例如，澳大利亞、愛爾蘭等發達國家依賴產業成熟度、地緣等優勢，主要從事服務外包的高端業務；俄羅斯、烏克蘭等東歐國家依賴信息技術發達、人力資源優勢，主要發展ITO；埃及因其地緣關係，面向英、法、德等歐盟國家承接服務外包業務；南非的優勢在於基礎設施、語言和金融服務，因此其逐漸占據了美、歐國家的語音業務市場；斯里蘭卡、柬埔寨等後起之秀，主要從事服務外包的低端業務。

(四) 服務外包數字化趨勢明顯

1. 技術引領

隨著第三平臺技術的日趨成熟，雲計算、大數據、移動、社交商務構成了

服務外包的技術基礎，形成新的行業解決方案（圖 1-2 為第三平臺技術引領趨勢）。IDC 數據顯示，2012 年，全球 ICT 市場中的 20%的份額是第三平臺帶來的，預計到 2020 年這一數字將變成 40%。這就意味著傳統 ICT 市場中只有 0.7%的市場增長率，而第三平臺引領的相關市場增長率到達年均 15%[4]。

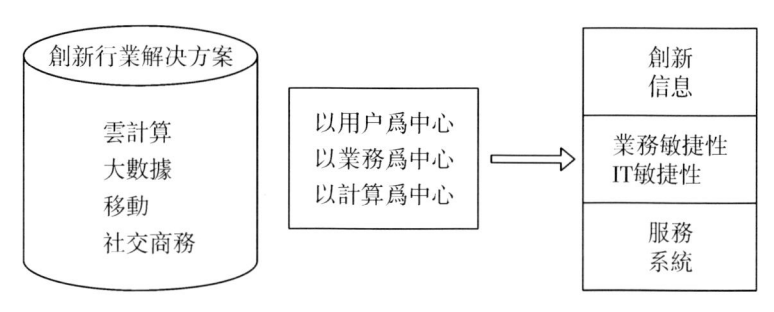

```
┌──────────────────┐
│ 創新行業解決方案  │      ┌──────────┐      ┌──────┐
│                  │      │以用戶爲中心│      │ 創新 │
│      雲計算      │      │以業務爲中心│ ───→ │ 信息 │
│      大數據      │      │以計算爲中心│      ├──────┤
│      移動        │      └──────────┘      │業務敏捷性│
│     社交商務     │                         │IT敏捷性 │
│                  │                         ├──────┤
│                  │                         │ 服務 │
│                  │                         │ 系統 │
└──────────────────┘                         └──────┘
```

圖 1-2　第三平臺技術引領趨勢

資料來源：國際數據公司（IDC），2012。

2. 雲端交付

隨著雲計算的不斷發展使得越來越多傳統的服務外包公司會選擇雲端交付的模式，IDC 預計，到 2020 年，全球超過一半的公司會在雲計算環境中使用內部應用和基礎設施。這必然會對服務外包商的能力提出更高的技術要求。

3. 行業融合

服務外包業務嵌入到在特定行業企業的業務流程中會給企業帶來更多的價值，更高的利潤回報。IDC 數據顯示，全球行業用戶的 IT 業務支出中，與業務部門相關的比例已經占到 65%，2012 年直接與業務部門相關的新的 IT 外包比例已經達到 25%，2020 年這個數字將增至 60%以上。

4. 創新驅動

行業用戶在實施創新和差異化戰略中迫切需要外部服務外包商的支持，這種差異化戰略是企業成本領先、聚焦核心戰略以外的最重要的戰略之一，其內容是通過產品、品牌、渠道、價格、促銷、服務、商業模式等差異化來提升企業競爭力。比如沃爾瑪公司可以利用大數據服務，來實現中國各省之間商品價格和佈局的優化；招商銀行利用社交平臺和移動端為客戶提供 24 小時的個人理財諮詢。

5. 整合併購

服務外包商的交付能力的大小取決於其企業規模的大小，跨國公司深入開展全球化的佈局，必然會對服務商全球交付能力提出更高的要求，這也是每個大型服務外包商都必須要解決的問題。因此服務外包商通過併購整合擴大規模

實現全球交付能力的升級。IDC 統計，2012 年全球 ICT 領域的併購案數量達到 3,815 個，涉案金額約為 2,110 億美元，其中涉及企業級應用、IT 服務、互聯網領域的併購數量最多，均超過了 800 個，如圖 1-3 所示。

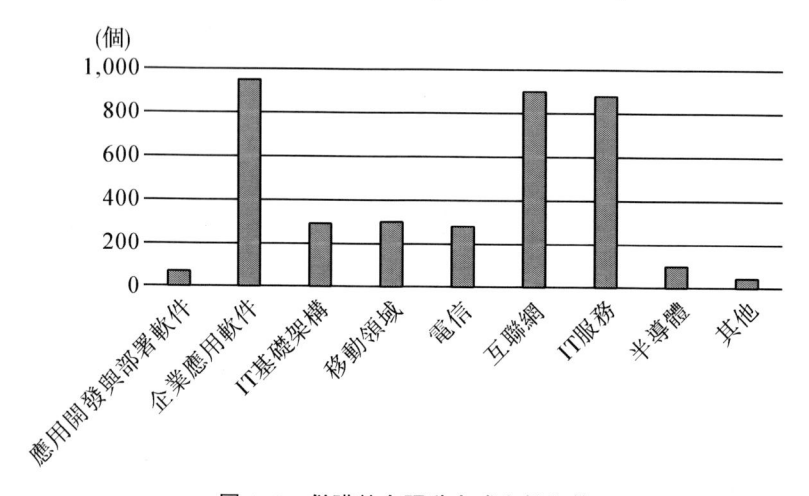

**圖 1-3　併購整合驅動全球交付趨勢**

數據來源：國際數據公司（IDC），2012。

**註釋：**

［1］筆者認為，該定義更趨近於「國際服務外包」。

［2］按 IMF 的標準，居民是指在某個國家或地區居住期限達一年以上者，否則即為非居民。

［3］數據來源：國際數據公司（IDC），2014。

［4］數據來源：中華人民共和國商務部網站。

# 第二章　全球價值鏈分工下服務外包的貿易利益來源

## 第一節　貿易利益來源的宏觀分析

### 一、比較優勢：初始動力

传统贸易理论认为，如果一国生产某一产品或服务的机会成本低于另一国，则该国在生产这一产品上具有比较优势。反之，另一国则在生产这一产品或服务上具有比较劣势。

比较优势一方面产生于生产技术的差异，另一方面产生于资源禀赋的差异。一般认为，如果某一经济活动能够密集使用其充裕要素则会形成低成本优势。就服务外包而言，生产性服务投入可由不同类型的人力资源来提供。不同国家和经济体在人力资源方面的相对稀缺度和相对价格具有差异性，在技术和其他条件不变的情况下，将不同的服务外包给不同类型的人力成本相对低的国家，就能获得成本节约的比较优势利益。

在国际贸易纯理论中，一般用李嘉图模型来阐述比较优势理论的基本原理。Jones（2000）以及 Findlay 和 Jones（2001）对传统李嘉图模型进行了改进，并对其基本假设进行了修改，用以分析中间投入品贸易对生产模式与贸易模式的影响[1]。本章将借鉴曾铮（2009）的做法，利用该模型来说明服务外包与比较利益之间的关系。

假设世界上有两个国家，A 国是发展中国家，B 国是发达国家，分别生产两种产品 X 和 Y，均为最终产品；有两种生产要素，分别是自然资源 N 和劳动 L。X 和 Y 产品的价格分别为 $P_x$ 和 $P_y$，由世界市场供求决定，相对于两国来说是外生变量。X 商品的生产需要投入一种生产要素劳动 L，而 Y 商品的生产需

要投入兩種生產要素，勞動 L 和中間投入品 Z，其中 Z 需要勞動 L 和自然資源 N 兩種要素投入來生產。

假設勞動 L 的工資率為 $w$，自然資源 N 的收益率為 $r_n$。X 產品單位勞動投入為 $a_{lx}$；Y 產品單位勞動投入為 $a_{ly}$，單位中間投入品為 $a_{zy}$；Z 產品單位勞動投入為 $a_{lz}$，單位自然資源投入為 $a_{nz}$。若滿足完全競爭市場均衡條件，則下列聯立方程式成立：

$$a_{lx}w = P_x \qquad (2.1)$$

$$a_{ly}w + a_{zy}P_z = P_y \qquad (2.2)$$

$$a_{lz}w + a_{nz}r_n = P_z \qquad (2.3)$$

用式（2.2）除以式（2.1）得到 A 國和 B 國產品比較優勢決定方程，記作：

$$\frac{a_{ly}}{a_{lx}} + a_{zy}\left(\frac{P_z}{P_x}\right) = \frac{P_y}{P_x} \qquad (2.4)$$

式（2.4）左邊表示生產單位 Y 商品相對於生產單位 X 商品的機會成本，用生產 1 單位 X 所需的勞動與中間投入品衡量，右邊是商品 Y 對商品 X 的相對價格。對比兩國的稟賦狀況，假定 A 國在生產中間投入品 Z 的自然資源 N 上相對於 B 國具有資源稟賦上的比較優勢，即 $r_n^A < r_n^B$；假定兩國不存在中間投入品 Z 的貿易，$P_z$ 取決於 A、B 兩國各自的市場供求。由此，A 國在生產 Y 產品上因為中間投入品的成本比較低，所以具有比較優勢，而 B 國在生產 Y 產品上因為勞動生產效率較高，所以具有比較優勢。用數理形式可以表述為：$(\frac{p_z}{p_x})^A < (\frac{p_z}{p_x})^B$ 和 $(\frac{a_{ly}}{a_{lx}})^B < (\frac{a_{ly}}{a_{lx}})^A$。世界生產與貿易的模式取決於這兩種優勢的比較。

圖 2-1 是加入中間投入品貿易拓展的李嘉圖模型示意圖，它表示兩國生產商品 Y 的機會成本比較。橫坐標表示中間投入品 Z 的相對價格，縱坐標表示 Y 商品的相對價格，直線 A 和 B 分別表示 A 國和 B 國生產單位商品 Y 的機會成本線，其與縱坐標的交點為生產單位商品 Y 相對於生產單位商品 X 的勞動投入，其直線斜率為生產單位商品 Y 所需要投入的中間產品數量，按照假設可以得到 $a_{zy}^B > a_{zy}^A$，也就是 B 國勞動生產率較高導致其單位投入的效率也較高，因此直線 B 斜率小於直線 A。Y 商品的相對價格與機會成本所處區域不同，將形成不同的生產分工與貿易的模式。Y 商品的相對價格如果處於 A 國和 B 國機會成本曲線上方，則兩國同時開展 Y 商品的生產；如果處於 A 國機會成本線和 B 國機會成本線之間，則 B 國生產商品 Y，而 A 國生產商品 X；如果

在 A 直線和 B 直線之下，則兩國同時生產商品 X。

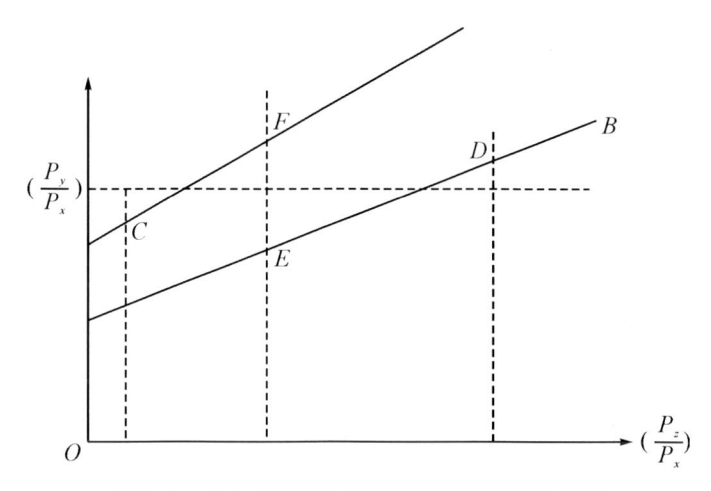

图 2-1　加入中間投入品貿易拓展的李嘉圖模型

如果我們將中間投入品 Z 作為 Y 產品生產的服務投入，Z 商品的相對價格則表示該國提供該服務投入的相對成本。根據上述模型，我們可以分析服務外包的比較優勢利益來源。

首先，我們來看不考慮服務外包的情況。假設 Y 商品為需要使用服務工序的商品，它的相對價格為圖示中的 $(\frac{P_y}{P_x})^w$，A 國具有資源禀賦優勢，滿足 $(\frac{P_z}{P_x})^A < (\frac{P_z}{P_x})^B$；B 國具有相對勞動生產率的比較優勢，滿足 $(\frac{a_{ly}}{a_{lx}})^B < (\frac{a_{ly}}{a_{lx}})^A$。假設，A 國在資源禀賦的優勢大大超過了 B 國在相對勞動生產率的優勢，則 A 國生產 Y 商品機會成本比 B 國低。在圖 2-1 中，A 國生產 Y 商品的機會成本線與 A 國生產服務工序 Z 的相對價格線相交於 C 點，B 國生產 Y 商品的機會成本線與 B 國生產服務工序 Z 的相對價格線相交於 D 點。C 點低於 D 點，表明 Y 商品在 A 國的市場價格低於 B 國。當 Y 商品的世界價格介於兩者之間的時候，A 國生產並出口 Y 商品，B 國進口 Y 商品，出口 X 商品。

如果考慮服務外包的情況，將會改變國際分工與貿易的模式。隨著生產技術的進步和其他因素的推動，服務產品可以跨越國境進行貿易，我們把服務投入 Z 作為全球分工的一個中間工序，視作可貿易商品。在這一前提下，作為可貿易品的服務工序 Z 將形成世界市場價格，記作 $(\frac{P_z}{P_x})^w$，該價格線與 A 國生

產商品 Y 的機會成本線相交於 F 點, 而與 B 國生產商品 Y 的機會成本線相交於 E 點。因此, 這兩點分別表示 A 國和 B 國生產 Y 商品的機會成本。從圖 2-1 可以看到, A 國生產商品 Y 的機會成本高於 B 國。由於 X 商品價格和 Y 商品價格均由世界市場決定, 不會發生變化。因此, 根據比較優勢原理, Y 商品最終會選擇在 B 國來生產, 而 A 國作為服務外包承接國, 將會承接服務工序 Z 的生產, 並將其通過貿易的方式交付給 B 國, 由 B 國來完成最終產品 Y 的生產, 並同時生產 X 商品。

從以上李嘉圖拓展模型可以看到, 當服務工序成為可貿易品, 各國根據比較優勢參與到全球服務外包的體系中, 發達國家將服務外包發包給發展中國家或者新興市場國家, 利用其較低的人力資源成本, 實現了資源更加有效的配置。而發展中國家或者新興市場國家通過承接服務外包發揮自身比較優勢, 融入全球價值鏈的價值創造中, 實現了貿易利益。可見, 比較優勢是服務外包貿易利益來源之一。

### 二、規模經濟: 核心要素

規模經濟 (economy of scale), 指在一定科技水準下生產能力的擴大, 使長期平均成本下降的趨勢, 即長期成本曲線呈下降趨勢。規模經濟又區分為內部規模經濟與外部規模經濟, 二者都可能對工序分工產生影響。內部規模經濟指一經濟實體在規模變化時由自己內部所引起的收益增加; 外部規模經濟指整個行業 (生產部門) 規模變化而使個別經濟實體的收益增加。無論是製造業還是服務業都有可能產生規模經濟效應, 比如飛機製造和汽車製造就可以產生較強的規模經濟, 這些行業市場集中度非常高; 而銀行、保險等金融服務行業也可以產生規模經濟, 從而出現了大型的服務提供商。這些大型的服務提供商一般具備完整的技術專家團隊, 具有較高的知識和技能水準, 能為企業提供 IT 或業務流程服務從而獲得成本優勢。

新貿易理論從規模經濟的角度解釋了產業內貿易產生的原因。我們可以借鑒這個理論, 用來解釋服務外包的貿易利益來源。假設特定產品生產過程中需要投入不同的服務工序, 不同的服務工序各自存在著最佳規模, 每一道工序的最佳規模可能存在差異。如果將所有的工序放在同一空間點生產系統中, 即採用高度內置式 (in-house) 生產方式, 如果按照其中某一道工序來選擇整個系統的最佳規模, 則必然會使得其他道工序在偏離最佳規模的數量上進行。從規模經濟角度分析, 如果將一體化生產系統拆分成不同工序分工系統, 通過服務外包把具有不同最佳規模的服務工序分佈到全球不同區位的生產部門和公司進

行，則可同時實現使更多工序流程達到最佳規模，從而完成成本節省目標。另外，如果某個國家市場規模能夠允許存在特定產品或工序生產的大量企業，那麼這些企業可能會集中分佈在某個區域形成馬歇爾集聚效應（conglomerate effects）。換句話說，追求不同特定工序的規模經濟效益是服務外包貿易利益來源之一。

通過上述分析，我們可以看到，發達國家通過將那些與企業核心競爭力不相關或相關性較小的服務工序外包給發展中國家，實現了專業化分工，優先將資源分配在核心環節，並持續地對具有核心競爭力的業務進行投資，從而提高了生產效率。而發展中國家承接了來自發達國家的服務工序，利用自身的勞動力資源優勢，形成規模經濟效應，大大降低了外包成本，實現了貿易利益。

### 三、制度變遷：外部利益

所謂制度變遷是指新制度（或新制度結構）產生、替代或改變舊制度的動態過程。制度供給、制度需求、制度均衡與不均衡形成了整個制度變遷的過程。制度的變遷首先是從制度的不均衡開始的。也就是說存在一種可供選擇的制度安排及制度結構，社會主體從中獲得的淨收益大於從現有的制度安排及制度結構中獲得的淨收益，由此產生一種新的獲利機會，進而產生一種新的潛在的制度需求及供給（孔祥榮，2010）。

造成制度不均衡的因素有很多，比如技術進步、偏好的變化、市場規模變化、制度選擇集合的變化或者其他隨機因素擾動。這些因素都會改變原有制度安排下的收益矩陣，使得博弈主體行為發生相應的調整。如果博弈主體從新的制度安排中獲得的潛在收益要大於現有的制度安排下的收益，將會引發制度變遷。制度變遷的動力來源於作為制度變遷的博弈主體的「成本—收益」的計算。博弈主體只要能從制度變遷預期中獲益或避免損失，就會去嘗試變革制度。

服務全球化的加快，服務外包的迅速發展改變了各國的發展路徑，形成了支持服務業發展的相關利益集團，產生了新的政策偏好，這將打破原有的制度均衡，必然引發新的制度需求，進一步催生新的制度供給。這種非均衡狀態是否能夠最終引發制度變遷，取決於利益集團之間的博弈以及新舊制度之間存在的外部利潤。

制度變遷的路徑依賴是指某種制度一旦形成，不論是否有效果，都會在一定時期之內繼續存在並影響其後面制度的選擇，就如同進入了一種既定的路徑，制度變遷只能夠依照這種路徑一直繼續下去。根據盧現祥（2007）的分

析，運用演化博弈模型來解釋制度變遷的路徑依賴。

假設有兩種策略 X 和 Y，社會人為有限理性，即在多次博弈的過程中採取相同行動，平均收益矩陣如圖 2-2 所示。此時，納什均衡的結果是博弈雙方都選擇 Y，並且（Y, Y）策略向量也是一個演化穩定策略（ESS）。在社會的歷史初期，採取 Y 行動是一種習慣或是一種慣例。如果該社會的外部環境發生了變化，使得平均收益矩陣如圖 2-3 所示。此時存在兩個納什均衡，即（X, X）和（Y, Y）。由於社會受到歷史初期條件的約束，人們習慣於採取策略 Y 的狀態，即使在收益上發生了變化，存在帕累托改進的策略組合，如果博弈參與者將策略 Y 視為既定的話，最優的選擇依然是 Y，這就是制度演化中的路徑依賴性。

|   | X | Y |
|---|---|---|
| X | 8, 8 | 3, 9 |
| Y | 9, 3 | 6, 6 |

圖 2-2　初始收益矩陣

|   | X | Y |
|---|---|---|
| X | 8, 8 | 3, 3 |
| Y | 3, 3 | 6, 6 |

圖 2-3　環境發生變化的收益矩陣

為了說明服務外包的制度變遷，我們假設策略 X 是發展現代服務業，策略 Y 是發展傳統製造業。假設某國初始的發展路徑是發展傳統製造業，並且實現了制度均衡。由於外部因素的變化，優先發展現代服務業的制度收益要高於發展傳統製造業，即策略（X, X）的收益大於策略（Y, Y）。

制度變遷的主要有兩種改進方式，一是帕累托改進，另一是卡爾多改進。帕累托改進是指在新的制度安排或結構下，如果所有的參與者獲得的收益大於其在現有的制度安排下獲得的收益，那麼這樣的制度變遷過程就是帕累托改進。如果存在一部分參與者的收益增加，而另一部分參與者的收益減少，那麼這樣的制度變遷過程就是卡爾多改進。兩種改進過程體現了不同的利益調整方式。如前假定，現有制度均衡是優先發展製造業，一般而言，在制度變遷的初期，新的制度安排會使得發展傳統製造業的相關利益集團受損，而發展現代服務業的相關利益集團受益，屬於卡爾多改進形式的制度變遷。

卡爾多改進制度變遷會使得傳統製造業的相關利益集團收益受損，必然會

引發激烈的博弈，阻礙制度變遷，導致路徑依賴性增強。但是，在發展的中後期，服務業與製造業的協調發展，新的制度安排將會使得所有利益相關集團均能獲益，即所謂的帕累托改進。這樣制度變遷的阻力變小，進程加快。因此，在初期的卡爾多改進制度變遷中，激烈的博弈就有可能會導致低效率的制度均衡，這需要通過外力實現由策略（Y，Y）向策略（X，X）的轉變，使得策略（X，X）成為上策。

一方面，服務外包的發展會推動國內服務業的發展壯大，通過改變相關利益集團的力量對比，完善相關的制度安排，消除制度壁壘，引發國內的制度變遷。

另一方面，國外相關利益集團會倒逼國內的制度變遷。國外服務外包的發包方在選擇承接方的時候，往往會優先考慮承接方所在國的制度環境，其次才是承接方的自身實力。因此，在面臨激烈的國際市場競爭中，為了更好開拓國際市場，必然會改革國內的制度環境以便迎合國外發包方的需求。承接國的經濟制度、法律制度、貿易制度會影響到國內的經濟發展環境、法律環境、貿易環境和社會文化環境等，進而影響發包方對於承接地的選擇。因此，國外發包方出於降低風險，提高經濟效益的考慮，會更多關注區位選擇的因素，於是促使承接國發生制度變遷，實現由策略（Y，Y）向策略（X，X）的轉變。

政府充當集體行動的代理人，其作用在於平衡不同利益主體的關係。根據上述假定，首先，政府協調國內製造業和服務業兩大利益主體的關係。政府的偏好是國內制度變遷的主要推動力，其取決於國內資源稟賦狀況及發展機遇。政府對於某產業發展效應的偏好決定了制度變遷的動力。假設，政府偏好於發展現代服務業，則可以通過制度安排，改變服務業相對弱勢的地位，使得現代服務業的「話語權」增加，從而通過政府的介入改變兩大利益主體的博弈狀態。其次，政府協調與國外相關利益主體的關係。一國國際競爭力水準在很大程度上取決於制度設計。這些制度的優越性，已成為經濟增長的強大動力，並提高了國際制度競爭的相對重要性。在承接離岸服務外包的激烈競爭中，許多國家都主動進行國內相關制度的調整，根據發包方對於宏觀環境的需求，來決定制度選擇的集合，以便能夠在競爭中脫穎而出。

## 第二節　貿易利益來源的微觀分析

### 一、契約完備性：重要條件

所謂交易，是經濟實體之間商品和服務的交換。交易雙方是在企業和組織的內部、外部或之間的技術意義上的獨立單位[①]。因此，交易成本與生產成本一樣，對企業來說都非常重要。由於經濟體系中企業的專業分工與市場價格機制的運作，經濟體系中的企業產生了專業分工的現象；專業分工是人類追求經濟效率所形成的組織體。交易可能受到交易頻率、資產專用性和不確定性等交易屬性的限制，使交易變得更加複雜，交易成本也更高。

跨國公司在經營過程中會根據經營環境和資源特徵來確定不同的資源獲取的方式。如果跨國公司內部化成本低於市場交易成本，則採取內部化的方式來獲取資源，如果跨國公司內部化成本高於市場交易成本，則採取市場或者其他中間組織形態方式獲取資源。在純粹科層控制和市場關係之間，會有不同的中間組織形態。它們可以同時運用科層控制和價格控制的手段，既體現了企業內部的控制關係，又體現了企業間相對獨立的市場關係。

外包作為一種中間組織形式，介於市場和企業兩種資源配置方式之間，以市場交易為基礎，通過雙方之間的合作來實現資源的優化配置，使原來的自由市場進行契約化。服務外包降低了不完全競爭市場結構中信息不對稱所引發的市場風險，降低了交易費用，同時可以避免內部化所帶來的企業組織費用的增加，從而提高了交易效率。

服務外包具備了三種優勢：激勵、控制和結構化。以上三種有利因素的綜合作用，是使企業服務外包這種資源配置方式有利於市場機制的原因。

1. 激勵

價格機制作為市場調節的非常有效的手段，具有強激勵效應。但是這種價格激勵效應會因為交易雙方的機會主義行為傾向而遭到扭曲和破壞。在企業內部，每個成員都是彼此熟悉和瞭解的，溝通成本比較低，而且這種相對穩定的合作關係不太容易被打破，否則任何一個投機取巧的行為都會使得自身的損失

---

[①]　WILLIAMSON O E. The economics of organization: the transaction cost approach [J]. American journal of sociology, 1981, 87 (3): 548-577.

遠超過其收益。與之相反，在市場環境中，交易雙方缺乏必要的瞭解，交易行為屬於有限博弈，甚至是一次性博弈，這會形成逆向選擇和道德風險。作為在市場中的經濟人，人們具有更加明顯的機會主義行為傾向。而在組織內部，作為企業中的組織人，人們的自利本性將會受到約束，其中有來自其他組織夥伴的威懾力。另外，通過市場的激勵，一般的動機是金錢，底線是法律制度。而服務外包關係在組織內部的激勵方式表現各異、強度不同，不僅可以用貨幣來衡量，而且可以用貨幣以外的形式，比如長期的合作關係，良好的聲譽等。不論從靈活性上，還是有效性上，都優於市場激勵，付出的成本更低。

2. 控制

在市場交易中，一旦出現糾紛，一般通過磋商、調解、仲裁或者訴訟的方式來進行解決。這些方式不僅費用高，而且週期長，對企業而言往往得不償失。與之相比，服務外包在處理矛盾和糾紛的時候，可以有一個更有效的解決方式，大大降低監督成本和實施成本。這是因為外包組織內部的控制、協調機制，通過一整套的管理規則和程序，採取行政命令，協調和調節等方式解決交易雙方的衝突，避免了高昂的交易費用。

3. 結構化

服務外包在其操作流程中實現了功能化和結構化。這種內部結構更有利於提高組織內部的信息傳遞效率和降低信息溝通成本。組織內部的信息傳遞不僅經過了專門化的處理，而且傳遞方式也進行了優化。在這個過程中會衍生出一系列簡單的代碼，會將大大降低溝通的複雜度。在企業間互動的累積中，進一步讓溝通變得經濟——在越熟悉的環境中，一個微小的變化就能產生明顯的效果，而在越陌生的環境中，這樣的效果需要大量的努力才能實現。

總之，服務外包，在其本質上，是一個企業的邊界問題。服務外包作為一種介於市場和科層組織之間的中間組織，是企業間在保持市場交易關係和長期合作的基礎上建立起相互之間的信任和承諾，通過企業間的合作機制對市場交易有組織地相互協調，使原來的市場交易組織化，降低了交易成本，提高了交易效率。通過服務外包，雙方建立了合作關係，可以減少各種履約風險甚至在交易過程中的衝突，合作夥伴也可以通過協商解決，以避免無休止的討價還價成本。因此，伴隨著通信技術和信息技術的進步，經濟全球化進程的加快以及世界各國市場化程度的加深，信息傳遞、擴散速度和識別速度的不斷加快，服務外包的交易方式的使用範圍大大增加，從而提升了跨國公司之間契約的完備性，降低了交易成本，實現了貿易利益。

## 二、企業異質性：技術因素

新新貿易理論（New-new Trade Theory）是新貿易理論（New Trade Theory）之後，當代國際貿易理論發展的前沿問題。新新貿易理論基於微觀企業視角，打破了傳統貿易理論行業間或行業內貿易的研究範疇，將研究重點放在異質企業的貿易和投資方面。企業異質性表現為兩種形式，一是企業生產率的差異而產生的異質性，二是企業組織形式差異而產生的異質性。由此推導出兩種類型的模型，分別是異質企業貿易模型（Trade Models with Heterogeneous Firms，HFTM）和企業內生邊界模型（Endogenous Boundary Model of the Firm）。前者說明了現實部分企業選擇出口和外國直接投資的原因，後者說明了公司內貿易模式，是產業組織理論和契約理論在全球化生產研究領域的創新[①]。

在新新貿易理論框架下，企業異質性（heterogeneity）是微觀企業主體進行工序分工與貿易的決定因素之一。本節將在 Melitz（2003）和 Helpman（2006）模型的基礎上，借鑑曾錚（2009）的做法，分析企業生產率異質性對服務外包行為的影響[②]。

1. 作為生產性消費廠商的行為

假設工序貿易領導者國市場上有 $N$ 個領導廠商，這些國內領導廠商都在 $M+1$ 個工序展開生產。其中，只有一個工序生產同質性產品（homogeneous goods），而且這是最終產品，我們視其作為等價物（numeraire）；其餘 $M$ 個工序則生產異質性產品。我們可以把生產性廠商的效用函數表示為：

$$U = (1 - \sum_{m=1}^{M} \beta_m)\log z + \sum_{m=1}^{M} \frac{\beta_m}{\alpha_m}\log(\int_{v \in V_m} x_m(v)^{\alpha_m} dv), \quad 0 < \alpha_m < 1 \quad (2.5)$$

其中，$x_m(v)$ 是部門 $m$ 廠商對中間產品 $v$ 的消耗，$v$ 屬於該部門廠商可獲產品的集合（$V_m$）；而 $\varepsilon_m = 1/(1-\alpha_m)$ 為各種產品的替代彈性。式（2.5）表示，廠商將其收入的份額 $\beta_m$ 用於消費 $m$ 產業中的各類中間產品，而 $1-\Sigma_m\beta_m$ 則是用於生產最終的份額。以上函數刻畫了廠商購入中間產品進行生產消費的偏好，它受到以下廠商收入預算函數的約束：

$$z + \sum_m \int_{v \in V_m} p_m(v) x_m(v) dv \leq E^i \quad (2.6)$$

---

[①] BALDWINR E. Heterogeneous firms and trade: Testable and untestable properties of the melitz model [J]. NBER Working Paper, 2005, No. 11471.

[②] MELITZ M J. The Impact of Trade on Intra-industry Reallocations and Aggregate Industry Productivity. Econometrica, 2003, 11 (71): 1695-1725.

從以上設定可以得出國家 $i$ 的需求函數是：

$$x(v) = \frac{\beta E^i}{\int_{v \in V_m} p(v)^{1-\varepsilon} dv} p(v)^{-\varepsilon} = A^i p(v)^{-\varepsilon}, \quad i = 1, 2, \cdots N \quad (2.7)$$

2. 工序領導者廠商的行為

按照 Melitz（2003）的基本模型，假設廠商生產的固定成本為 $f_E$，其他間接成本為 $f_D$，自己生產並出口銷售的成本為 $f_X$，通過工序服務外包環節的成本費用為 $f_T$。同時用 $a$ 來表示工序領導者國家廠商之間的邊際成本存在的差異，這種差異體現了廠商不同的生產率，即企業的異質性（heterogeneity）；而用 $\tau^{ij}$ 代表廠商 $i$ 出口產品到國家 $j$ 所耗費的冰川成本（iceberg costs）。同時假定 $f_T > (\tau^{ij})^{\varepsilon-1} f_X > f_D$。

我們設定 $B^i = (1-a) a^{\varepsilon-1} A^i$，可以得到廠商不進行服務外包，自己生產，並服務本土市場的利潤函數是：

$$\pi_D^i = a^{1-\varepsilon} B^i - f_D \quad (2.8)$$

同理，廠商不進行服務外包，但是進行與 $j$ 國最終產品貿易的利潤函數為：

$$\pi_X^{ij} = (\tau^{ij} a)^{1-\varepsilon} B^j - f_X \quad (2.9)$$

而廠商進行服務外包，並為 $j$ 國消費市場提供最終產品的利潤函數是：

$$\pi_T^{ij} = a^{1-\varepsilon} B^j - f_T \quad (2.10)$$

我們將上述利潤函數的曲線在圖 2-4 中展示出來，圖 2-4 說明了異質性企業、服務外包行為的選擇與企業利潤之間關係。

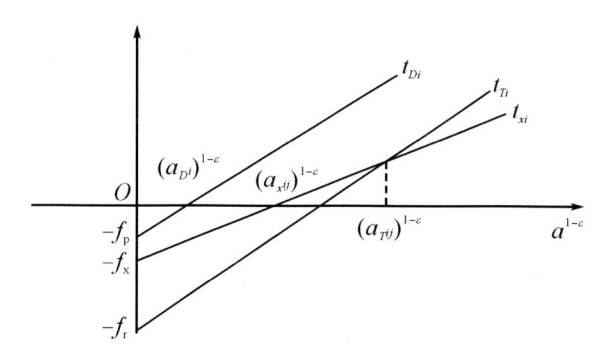

圖 2-4　生產率異質性和企業服務外包行為

进一步，我们可以将企业生产率的异质性与服务外包行为之间的关系用表 2-1 的形式表现出来。表 2-1 分析了企业生产率的差异对企业外包行为的影响，我们可以看到，当 $a > a_D$ 时表明企业生产率极低，企业选择不生产该最终产品；当 $a \in (a_{X^{ij}}, a_D)$ 时，表明企业生产率较低，企业选择不进行服务外包，而且只在国内销售该最终产品；当 $a \in (a_T, a_{X^{ij}})$ 时，表明企业生产率相对较高，企业依然选择不进行服务外包，但是会将最终产品出口到国外市场；当 $a < a_{T^{ij}}$ 时，表明企业生产率很高，企业会选择进行服务外包，并且在国内和国外两个市场销售最终产品，这样全球工序分工与服务外包体系逐步形成。

表 2-1 企业异质性和企业服务外包行为之间的关系表述

| 企业 | 生产率情况 | 模型表述 | 企业行为 |
| --- | --- | --- | --- |
| 企业 1 | 很低 | $a > a_{D^{ij}}$ | 不从事生产 |
| 企业 2 | 较低 | $a \in (a_{X^{ij}}, a_{D^{ij}})$ | 不进行服务外包，在国内市场销售 |
| 企业 3 | 相对较高 | $a \in (a_T, a_{X^{ij}})$ | 不进行服务外包，出口销售最终产品 |
| 企业 4 | 很高 | $a < a_{T^{ij}}$ | 进行服务外包，并在国内外市场销售 |

资料来源：作者根据分析结果得出。

从以上分析可以看出，企业生产率的异质性对企业服务外包行为具有较强的影响，呈相关关系。实践表明，20 世纪 90 年代以来，随着发达国家制造业和服务业生产率的提高，越来越多的跨国公司选择将服务工序外包出去。由此，发展中国家和新兴经济体积极承接来自发达国家的服务外包，大力发展服务外包产业，有更多机会参与到全球价值链分工体系中，获取更多的贸易利益，全球服务外包体系得到进一步发展。

# 第三节 贸易利益的测度

## 一、全球价值链分工下贸易利益分配的特征

传统贸易理论指出，两国之间的贸易可以增加世界总福利，各国可以获得国际分工的利益。因为贸易的对象是最终产品，不对整个产品生产进行拆分，两国均能获得全部的贸易利益，不必将贸易利益的一部分分配给其他国家，各国国内的贸易利益分配为生产要素收入的分配。

随着全球分工的进一步发展和细化，国际分工形式由传统分工形式转变为

全球工序分工形式。在這種分工形式下，貿易對象不再是最終產品，而是各個生產工序或環節的中間產品。國際分工不再是產品分工，而是工序分工，相應地，貿易利益分配也因此發生重大變化。在全球工序分工中，貿易利益的分配不再只是根據每個國家自身資源稟賦的比較優勢進行分配，而是根據全球價值鏈中價值增值部分為依據進行貿易利益分配（章麗群，2009）。

在全球工序分工中，發達國家首先將產品生產分割成若干工序，然後將各個工序按照各國的資源稟賦優勢分配到各國進行生產，從而在全球範圍內合理地配置資源，形成全球價值鏈和貿易鏈。因此，與傳統貿易理論相比，對於貿易利益的研究更加微觀，而貿易利益的分配則呈現出非對稱性的特點：①發達國家通過資金、技術等核心生產要素，占據壟斷優勢，控制價值鏈的生產和分工，獲取高額的貿易利益；②跨國公司可以通過轉移定價的方式，攫取一部分東道國的稅收收入，侵占東道國的部分貿易利益；③跨國公司具有技術和人才上的控制力，制約著東道國企業參與價值鏈分工和利益分配，東道國只能參與生產技術含量較低的產品生產，獲得的技術溢出效應十分有限；④跨國公司為了競爭而積極爭取東道國的優秀人才，間接地提高了東道國國內就業者的工資收入水準。

**二、全球價值鏈分工下貿易利益分配方式的轉變**

如前所述，全球工序分工下貿易利益分配的標準不再是最終產品的銷售利潤，而是各個生產工序或環節中的價值增值。價值增值則取決於各國在全球價值鏈分工中的地位，從而貿易利益的分配機制發生了根本性轉變，具體表現在以下幾個方面：

第一，貿易利益分配的前提。全球工序分工摒棄了生產要素不能跨國流動的假設，從而實現生產要素的全球配置。

第二，貿易利益分配的內容。可貿易的中間產品包含多個國家多種生產要素的價值，此時的貿易利益或產品生產收入不再完全是國內生產要素的函數。

第三，貿易利益分配的主體。國際貿易與跨國公司內部貿易出現了交叉和相容，使得國家利益和企業利益之間並不完全一致，因此需要以具體企業尤其是跨國公司作為分析對象來研究貿易利益分配。

第四，貿易利益分配的效應。根據斯托爾帕-薩繆爾森定理，通過要素價格均等化，本國豐裕要素的要素收入會相應提高，這一結論發生了變化。在全球價值鏈分工下，本國豐裕要素並沒有獲得較高報酬，本國的稀缺要素通過國際直接投資的方式獲得較高的報酬。

第五，貿易利益分配的機制。從基於要素稟賦轉變為價值增值量作為利益分配標準。

### 三、全球價值鏈分工下貿易利益的測度方法

由上面的分析可知，隨著國際分工的深化，國際貿易出現了中間品的進出口，傳統測度貿易利益的方法，比如貿易差額、貿易條件已經無法準確描述國家間的貿易利益分配，也沒法測度各國在貿易中的獲利情況。通過貿易順差考量一國貿易所得，會忽略產品生產中從第三國及貿易本國獲得的中間品價值；而通過價格貿易條件考量國際貿易所得會忽略從第三國進口中間產品帶來的價格轉移和從貿易夥伴國進口中間產品所帶來的價格重複，只能通過與貿易夥伴國間的進出口價格進行粗略計算；通過收入貿易條件和要素貿易條件考量同樣存在以上不精確的問題，很難精確獲得產品生產與貿易給本國帶來的價值增值（郭秀慧，2013）。

在全球價值鏈分工下，一國的價值鏈分工地位以及價值增值成為決定貿易利益分配的核心要素。然後要準確計算國內價值增值部分，就必須從最終產品的出口額中扣除進口的中間品價值，而且還需要解決中間產品進入多個生產環節中的國內循環問題。

（一）國家層面的貿易利益

在全球價值鏈分工體系中，要準確測度貿易利益，必須弄清貿易轉移、貿易循環及回流等問題，只有把每個工序中的價值增值部分計算清楚，才能對各國貿易所得進行衡量。我們可以引入貿易附加值（生產工序中的價值增值）這一指標來測度貿易利益分配。具體而言，可以從靜態貿易利益和動態貿易利益兩個層面考察。靜態貿易利益指一國在國際貿易中的總體獲利情況，動態貿易利益指一國開展貿易產生的經濟效應，比如經濟增長、技術進步，等等。

1. 靜態貿易利益

在全球價值鏈分工體系中，一個國家可以實現多少附加值與全球價值鏈的嵌入程度密切相關。因此，可以通過改進垂直分工度指標來測算貿易附加值。具體而言，不僅要扣除出口產品中直接使用的進口中間投入品的價值，還要扣除出口間接使用的進口中間投入品價值，即經過國內產業循環被間接用於出口品生產的進口中間投入品價值，從而測算一國國內投入在貿易中的價值增值（郭秀慧，2013）。

假設 $VS^N$ 是沒考慮國內產業循環的垂直專業化出口值，$VS^M$ 是考慮了國內產業循環的垂直專業化出口值，在此基礎上，陳宏易（2005）提出了貿易附

加值的計算公式如下:

$$VS^{VA} = VS^M - VS^N = uA^M \left[ (A^D)^1 + (A^D)^2 + \ldots (A^D)^r \right]_x \qquad (2.1)$$

由於公式 2.1 計算的是貿易增加值的絕對值,因此絕對值的變化可能會受到匯率、貿易價格和進口中間投入品價格等因素的影響,並且缺乏穩定性。因此,採用貿易增加值的相對量用來反應一國貿易利益分配的相對變化。貿易附加值相對量是附加值絕對量與貿易的出口量之比。根據 Hummels 的定義,它也可以稱為垂直分工比率。即

$$V' = \frac{VS^{VA}}{X} \qquad (2.2)$$

按垂直分工度衡量的貿易增加值可以反應出口的絕對增加值,按垂直分工比例衡量的貿易增加值的相對數量可以反應出單位產品出口帶來的價值增值,因此,按垂直分工度衡量貿易增加值有助於比較貿易增加值的相對變化。

2. 動態貿易利益

一國的貿易利益不僅包括直接貿易利益,還包括間接貿易利益,即貿易對於經濟增長、產業結構改善以及技術進步的影響。國際貿易動態貿易利益表現為通過國際貿易來推動產業結構和出口結構的優化升級,從而實現經濟長期均衡的發展,而技術進步則是產業結構優化升級和獲取動態貿易利益的關鍵。

因此,為了衡量貿易在促進產業結構改善和技術升級中的作用,我們需要根據一個國家的貿易產品的技術含量來判斷貿易在經濟長期發展中的作用。在傳統貿易中,因為交易產品為最終產品,而且產品生產只會涉及一個國家,容易確定動態貿易利益測量基準——按照貿易品的要素密集度來設定貿易產品中技術含量。但是在全球價值鏈分工體系下,貿易品以中間產品進出口為主,各國只是承擔產品生產中某個環節或工序,而且同一產品在不同工序中可能有不同的要素密集度。因此,傳統的以要素密集度來衡量一國貿易技術含量來判斷動態貿易利益大小的方式不再適用(郭秀慧,2013)。

根據郭秀慧(2013)的分析,參考樊剛、關志雄和姚枝仲(2006)基於薩繆爾森的要素均等化定理和赫克歇爾-俄林的要素禀賦定理,對 Michaely (2004)的假設做出了改進,提出了「在某種產品生產上具有比較優勢的國家,其技術越豐富,所生產的優勢產品中的技術附加值就越高」的基本假設,並基於該假設構建了「顯示技術附加值」的測算公式:

$$\text{RTV}_j = \sum_{i=1}^{n} W_{ij} \ln(Y_i) \qquad (2.3)$$

其中,$\text{RTV}_j$ 表示產品 $j$ 的顯示技術附加值;$Y_i$ 是 $i$ 國的人均 GDP;$n$ 為國

家的數目；$W_{ij}$表示 $i$ 國在 $j$ 產品上的顯示比較優勢指數在所有國家 $j$ 產品顯示比較優勢指數之和中的比重，測算公式為：

$$W_{ij} = \frac{\text{RCA}_{ij}}{\sum_{i=1}^{n} \text{RCA}_{ij}} \qquad (2.4)$$

可見，$\sum_{i=1}^{n} W_{ij} = 1$，$\text{RCA}_{ij}$ 表示 $i$ 國在 $j$ 產品上的顯示比較優勢指數。公式如下：

$$\text{RCA}_{ij} = \frac{x_{ij}/X_{ij}}{\sum_{i=1}^{n} x_{ij} / \sum_{i=1}^{n} X_{ij}} \qquad (2.5)$$

其中 $X_{ij}$ 為 $i$ 國在 $j$ 產品上的出口額；$n$ 為國家數目，$m$ 為產品數目。

由於一國貿易品的技術分佈有時不是正態分佈，貿易品技術附加值的加權平均值往往不能較好地表示一國技術水準的總體情況，樊剛、關志雄和姚枝仲（2006）又提出了用「技術高度指數」來表示一國貿易品總體的技術分佈情況，其公式如下：

$$\text{RTC}_i = 1 - \frac{\sum_{r=1}^{m}\sum_{j=1}^{r}[X_{ij}/\sum_{j=1}^{m}X_{ij}] - 1}{m} \qquad (2.6)$$

其中，$\text{RTC}_i$ 表示 $i$ 國貿易品的技術高度指數；$X_{ij}$ 表示 $i$ 國 $j$ 產品的出口額或進口額；$m$ 為產品數目。「技術高度指數」取值為 [0, 1]，趨於 0 貿易品技術水準越低，趨於 1 則貿易品技術水準越高。需要注意的是，這裡將世界所有 $m$ 種貿易品的技術高度上限設定為 1，技術高度的最低下限設定為 $1/m$，因此，這裡的技術水準高低是相對而言的。

（二）企業層面的貿易利益

對於參與服務外包的企業而言，其在全球價值鏈分工的背景下衡量貿易利益的大小，同樣需要依照服務所能產生的附加值以及企業所在行業或服務工序在全球價值鏈分工中的地位來決定。

對於企業貿易利益分配的測度，尚缺乏微觀層面的指標，相關測度指標主要是基於國家層面貿易利益衡量指標在理論上的延伸。學者們通過企業在全球價值鏈分工中所處地位定性判斷企業獲利大小或者定量上引入「純益率」等指標來衡量全球價值鏈體系中各工序環節中的利益分配（章麗群，2009）。

根據章麗群（2009）的分析，以美國、中國大陸和臺灣筆記本垂直一體化生產為例，探討企業貿易利益分配。引入純益率（Net Profit Margin，NPM）

指標，表示全球價值鏈垂直分工體系中各生產環節的收益分配。純益率，即稅後淨利率，等於（稅後淨利/總收入）×100%，該比率越高，顯示企業整體獲利能力越強，她以這一指標反應製成品各生產環節的收益差異，即利益分配。引入赫芬達爾-赫希曼指數（Herfindahl-Hirschman Index，HHI）指標，表示全球價值鏈垂直分工體系中分工各生產環節的市場結構，即某一市場的集中程度，其取值範圍為［0，10,000］，取值越高說明該市場的集中程度越高，該指標進一步反應FDI對製成品生產各環節的控制和主導。

章麗群（2009）計算了IDC、MIC等機構發布的公開數據，得到CPU、操作系統、主板芯片、存儲器、LCD面板、代工、品牌銷售商等7個價值鏈環節的赫芬達爾指數；同時根據14家上市公司年報的數據，計算了這些企業2000—2004年5年間的純益率，取這5年的均值作為參考指標以減少因經營狀況、市場環境等因素干擾對分析的影響。計算結果表明，企業的純益率與赫芬達爾指數之間存在正相關關係，兩者的相關係數為0.6。從筆記本電腦各環節市場結構與收益情況的關係我們可以得知，在筆記本電腦產品的全球價值鏈分工中，FDI對全球價值鏈各環節的壟斷程度越高，獲益越多。

研究結果表明，在全球價值鏈分工背景下，筆記本電腦不僅形成了每個相對獨立的生產工序，而且生產工序的標準化使發達國家與發展中國家企業的生產具有高度的吻合性。貿易主體表現為不同企業之間垂直分工而形成的企業間的貿易。在資本要素可以流動（FDI）的情況下，製成品全球價值鏈各環節的純益率成為衡量各國貿易利益及貿易利益分配的重要指標。通過數據分析可以發現發達國家與發展中國家在利益的分配上存在非對稱性，發展中國家處於相對不利的地位。同時，從赫芬達爾指數的變動看，隨著全球化的推進，FDI主導下的貿易在中國對外貿易中佔有相當比重，這對中國在製成品垂直型產業內貿易的利益分配產生一定影響（章麗群，2009）。

除了上述企業間的垂直一體化貿易形式外，分析全球價值鏈分工背景下跨國公司內部貿易利益分配是研究企業貿易利益分配的重要部分。由於在傳統的國際分工背景下，不論是企業間的貿易還是國家間的貿易都是基於外部的市場，受到國際價格機制的制約，企業在貿易中的獲益等同於國家獲益，企業利益和國家利益是保持一致的。然而，在全球價值鏈分工中，價值鏈分工是在跨國公司內部進行的，產品價值鏈的交換從國家間的交換變成了企業內部的交換。跨國公司所處的束道國的關稅、稅收以及外資企業政策大不相同，基於全球戰略的考慮，將會通過轉移定價等方式使得價值鏈的國際交換並不一定按照國際市場規則，而變成一種企業內部交換的非市場行為。跨國公司為了追求利

潤最大化，有可能會損害其他國家甚至是本國的利益，企業利益和國家利益出現了不一致。企業利益雖然增加了，但是國家利益未必增加，反而有可能會遭受一定程度的損失。此外，通過貿易價格表面上分配給貿易國的貿易利益，並不完全屬於貿易國，而這些利潤由跨國公司來自主處置，一部分利潤可能匯回母國，東道主國家卻只能得到其中的很小一部分，甚至有可能會出現名義上有貿易利益但實際經濟福利卻下降的極端情況（曹明福，2007）。

綜上，全球工序分工（價值鏈分工）打破了傳統國際分工中的國家邊界，凸顯了跨國公司在國際分工和貿易中的主體地位。跨國公司在全球範圍內進行生產要素組合和資源最佳的配置，發揮國際競爭優勢，並且通過內部貿易來強化內部轉移定價能力，從而主導和推動全球價值鏈分工的發展，控制著價值鏈分工中的利益分配，實現跨國公司內部和外部利益的最大化。

1. 跨國公司內部貿易的概念

跨國公司內部貿易是指跨國公司母公司與子公司或子公司之間進行的跨越國境的有形或無形商品的交易活動或貿易行為，是企業內部化跨越國境的行為（鄭傳均，2006）。根據跨國公司母公司對子公司的控制程度，可以分為四類子公司：①全資子公司，即外商獨資企業，母公司擁有100%的資產和股權；②絕對控股子公司，母公司擁有子公司多數（即50%以上）股權；③相對控股子公司，是指母公司擁有相對控制權、控股比例在25%~49%之間；④參股子公司，主要指母公司只是參與投資但控股比例不大，擁有股權低於25%。

由於交易主體同屬一個公司，因此，跨國公司內部貿易兼具國際貿易的一般特徵和企業內部經營管理的特徵，是一種特殊的國際貿易形式。跨國公司內部貿易主要可以分為水準一體化、垂直一體化及混合一體化三種貿易形式。水準一體化是指跨國公司在國外通過對外直接投資的方式新建或併購工廠生產與國內相同的產品並進行國際化交易的貿易形式；垂直一體化是指跨國公司在外國子公司生產中間產品出口到母國再加工或者由母公司生產中間產品出口到子公司進行再加工的貿易形式；混合一體化指垂直一體化與水準一體化相結合的內部貿易形式（郭秀慧，2013）。

2. 跨國公司內部貿易的特徵

（1）跨國公司內部貿易採取轉移定價策略。

跨國公司內部貿易的特殊形式決定了其利益原則，即利潤動機不同於傳統貿易。傳統貿易的利潤動機是基於一次交易的獲利，內部貿易的利益原則是基於公司的綜合經營、貿易狀況、長期發展戰略和發展計劃；跨國公司內部貿易的交易價格不再由國際市場上的供求關係決定，而是由跨國公司根據自身需求

決定，通常採用轉移定價策略。可以說，跨國公司的內部貿易是企業通過國際經營，進行內部化管理和組織管理國際市場的一種手段。

一是跨國公司內部貿易實行計劃性管理。跨國公司根據公司的總體發展計劃、生產研發計劃、外國投資和營銷計劃，結合公司的長期發展和利潤戰略控制著內部貿易的情況（包括貿易貨物的結構、數量和進出口國），合理地分配內部公司資源使整個公司的發展不斷適應激烈的外部競爭環境，促進公司的長遠發展。

二是跨國公司的內部價格採用轉移定價策略。跨國公司的內部貿易是公司內部貨物的轉移和交換，貨物所有權僅在公司內部各個系統之間流動。因此，對整個跨國公司而言，商品的價格並不重要。為了企業的整體利益，跨國公司內部交易通常不考慮分部或分公司的表面利益，而是人為地採用有利於實現公司發展戰略的內部轉移定價方法。據統計，大約95.8%的跨國公司使用轉移價格策略。

在內部，轉移價格的實施有助於調和母公司與各個子公司之間的利益衝突。由於跨國公司通常採用總體經營管理策略以及最大化整體收益的業務策略，因此很難在整個發展和交易過程中確保母公司與每個子公司之間的利益一致，並且很難避免跨國公司總體利益與各個子公司局部利益的矛盾和衝突，而轉移價格可以使跨國公司在遵守其總體戰略目標的同時實現內部貿易交換，及時合理地調整多方利益與內部的經濟關係，並保持內部利益的一致性。

在外部，轉移價格的實施可以規避公開市場的弊端，減輕稅收負擔，並使公司的利益最大化。因為跨國公司內部交易的產品和服務的定價完全取決於公司的長期發展戰略以及公司內部利益的一致需求，並且不受外部市場供求關係的影響，因此，跨國公司可以在內部貿易中通過轉移高價或低價，這樣可以避免東道國市場缺陷，規避稅收，避免匯率風險和外匯管制。例如，跨國公司可以通過降低轉移價格來提高其在東道國的子公司的市場競爭力，然後在子公司擊敗競爭對手並壟斷市場時又提高價格，從而提高公司的整體競爭力並確保實現經濟利益；當東道國提高稅率時，跨國公司可以通過轉移高價從母國進口設備、原材料和其他產品，從而增加了公司的生產成本，減少了公司的帳面利潤並減少稅費；當東道國的貨幣面臨貶值時，母公司可以轉移子公司的利潤和資金以確保其整體利益。

（2）跨國公司內部貿易採取中間品貿易的形式。

中間產品貿易是跨國公司內部貿易的重要貿易形式，具有非常重要的戰略意義。外部市場的不完全性使得中間產品貿易具有不確定性和不穩定性，因此

需要通過跨國公司內部貿易進行交易。政府對貿易的干預限制，市場交易信息的不對稱和不完善，價格機制的不完全性等多種因素會導致中間產品貿易很容易受到外部市場的影響，這會給中間產品貿易帶來很多額外的交易成本，增加交易的不確定性和不穩定性，不利於企業生產的穩定和貿易利益的實現。這種外部市場的不完全性凸顯了跨國公司內部貿易的重要性，跨國公司通過內部市場更能保證中間產品交易的穩定性。另一方面，中間產品的特殊性質或高度特定性決定了中間產品內部貿易的重要性。中間產品具有外部市場很難保證的特殊性質，如其產品質量、性能或產品規格等方面有特殊的要求等，對中間產品進行再加工經常需要花費新材料，並且在對中間產品進行加工後，還需要為生產的成品或半成品找到銷售市場，中間產品進行跨國公司內部貿易有利於保證其生產質量，保證產品再加工和銷售的順利進行。

（3）跨國公司內部貿易多為服務貿易。

跨國公司的內部貿易不僅包括有形的貨物貿易，而且還包括無形的服務貿易，在國際貿易中，跨國公司具有定價難、交易信息不對稱等困難，將服務貿易內化到公司內部進行可以克服這些問題，保證交易的流暢進行。巴克里、卡森和拉格曼在內部化理論中指出，中間產品市場是特殊的交易市場，因為中間產品市場更具有不完全性（這裡所說的中間產品不僅包括實物的零件和原材料，更加強調包含知識、專利、技術以及市場信息等在內的服務內容）（宋士菁，2004）。因此，作為中間產品重要組成部分的服務產品由於其特殊的特性而使服務產品的內部交易變得更加重要。此外，諸如技術、專利、管理技能和市場信息之類的服務在一家跨國公司內進行交易使得研發成本可以在母公司和每個子公司之間分擔，而且能夠防止信息和技術泄漏，保護跨國公司的長期經濟利益。

3. 跨國公司內部貿易的利益分配

（1）跨國公司通過內部貿易使其內部利益最大化。

在全球價值鏈分工中，跨國公司具有比較優勢、規模經濟優勢、價格傾斜優勢和轉移定價優勢，這也是跨國公司開展內部貿易的條件。通過在多個子公司之間進行內部交易，可以降低交易成本並避免外部市場交易的不確定性，並可以使用內部轉移定價來避免稅收和不利因素。可以看出，跨國公司通過跨國生產經營和公司內部貿易，在國際市場上具有無與倫比的綜合競爭優勢和控制力，支配並控制著全球價值鏈分工的發展，從而保障了跨國公司的內部利益最大化目標的實現，也就是說跨國公司利用全球價值鏈分工，通過內部貿易的方式規避不利於企業發展的因素，增強其競爭優勢，從而實現了公司整體利益的

最大化。

下面從跨國公司內部貿易降低交易成本、減少外部交易的不確定性及進行內部轉移定價三個方面分析跨國公司如何控制工序分工以實現其內部利益最大化。

首先，在進行企業間貿易時，必須有交易成本。這些成本可能包括運輸成本，稅收、關稅等。交易成本主要由非交易方獲得，並構成交易成本的主體，例如海關和運輸公司。跨國公司將交易內部化後，交易成本會反應在公司的內部管理成本中，該成本通常低於外部交易成本，從而使跨國公司實現盈利。

其次，假設跨國公司是買方，採購需求相對穩定，但是外部市場的不確定性導致產品供應的不穩定。如果供給突然減少，則均衡價格將大幅上漲。如果這種供應短缺影響跨國公司的正常生產和經營活動，它將面臨更大的損失。因此，跨國公司的內部貿易可以通過穩定供求關係來減少外部交易的不確定性，並獲得外部市場貿易無法獲得的利益。

最後，為了避免匯率或稅收損失，跨國公司經常通過內部貿易實施惡意轉移定價，讓內部交易價格遠偏離市場價格。由於上述轉移定價是在跨國公司內部進行的，因此跨國公司通常不會因轉移定價而出現虧損，只是利潤在公司內部轉移；同時，跨國公司還將因為利潤下降導致少繳納稅金。其收益增加額為：所轉移利潤×進出口國稅率差別。

（2）跨國公司通過內部貿易使其外部利益最大化。

根據 Gereffi 所說，在全球價值鏈分工中，每個價值鏈都有領導者。這個領導者在價值鏈中起著決定性的作用。根據不同的領導者，價值鏈可以分為兩種類型：生產商驅動型（producer driven）和購買商驅動型（buyer driven）。其中，生產商驅動型是指在價值鏈中，生產商利用自身優勢，向前控制原材料或零部件的供應商，向後控制產品的分銷商和代理商，通過控制和主導價值鏈的發展而占據絕大多數利益的價值鏈模式。生產商驅動性領導者主要分佈在如電腦、汽車、電子等資本與技術密集型行業；購買商驅動型領導者則是以像大零售商一樣的全球商品購買者為主導的，利用自有營銷與品牌優勢對上游製造企業進行控制，壓榨其經濟利益並據為已有的價值鏈模式，主要分佈在如服裝、家具和玩具等勞動密集型行業（江靜，2007）。不論是在生產商驅動型價值鏈上還是在購買商驅動型價值鏈上，發達國家的大型跨國公司（大型核心環節生產製造者或者全球商品購買者）都處於主導地位。

根據以上價值鏈分工的經濟學解釋，全球價值鏈可以大致分為「高—低—高」三個階段。在產品生產的前期階段，產品設計和研發以及高科技零

部件的生產構成了高附加值分工階段；從中期來看，用於產品的簡單零部件生產及加工組裝構成了低附加值分工階段；在後期，產品銷售和其他服務環節構成了高附加值分工階段。生產商驅動型價值鏈中的主導跨國公司處於產品生產前期，購買商驅動型價值鏈中的主導跨國公司處於產品生產後期，都處於價值鏈中高附加值分工階段。為了簡化分析，這裡假設全球價值鏈只包括高端和低端兩個部分，也就是說，高端包括產品生產的兩個階段，即前期和後期，而低端是指產品生產中期的簡單零部件生產與加工組裝環節。

以生產商驅動型價值鏈案例——蘋果公司 iPod 產品的全球價值鏈為例進行分析。

在產品生產前期階段，蘋果公司依靠自身的技術優勢來設計和開發 iPod 產品，對產品的外觀、生產技術及零部件生產指標要求繪製出非常詳細的設計圖紙。

在產品生產的中間階段，蘋果公司將設計圖分為兩個部分：關鍵零部件和通用零部件，並將這兩個部分外包給不同的零件製造商。其中，關鍵零部件包括 PCB 板、解碼器和微型硬盤。這些零部件的生產外包都外包給日本東芝、荷蘭飛利浦、韓國三星等生產實力較強的企業進行生產，通過一級發包商轉包給韓國、臺灣等企業，再由這些二級發包商分包給中國大陸企業；而將包括電池、耳機和充電器在內的一般零部件的生產直接外包給臺灣、中國大陸企業生產。

在產品生產的後期階段，即營銷環節，蘋果公司通常使用三種渠道：自我銷售，進入沃爾瑪等大型超市以及尋找其他代理商和分銷商。自我銷售通常是進入蘋果自己的專賣店進行銷售；另兩種方式需要借用沃爾瑪或其他代理商和分銷商的銷售網絡。

根據生產經營過程，上述參與者還對 iPod 的增加值進行了劃分。以存儲容量為 30GB 的 iPod 為例，該產品的最終價格通常在 299 美元左右，其中生產和組裝所需零件的總成本約為 143.4 美元。為蘋果公司加工和組裝 iPod 的富士康可以獲得大約 8 美元的收入，另外，蘋果公司在銷售環節的廣告和人員投入約為 10 美元。因此，iPod 的總成本約為 161.4 美元，利潤為 137.6 美元，占產品總價的 46.02%。三個銷售渠道的參與者重新分配了利潤。其中，依靠沃爾瑪等大賣場的營運網絡，蘋果公司將支付銷售價格的 10%，約合 30 美元的分銷成本；當借用其他代理商和分銷商時，蘋果公司將具有更大的議價能力，憑藉其自身的壟斷優勢，營銷費用低於 30 美元。

可以看出，蘋果公司具有跨國經營和強大的內部貿易體系。通過強大的研

發、設計能力以及品牌效應,它控制了全球價值鏈分工,並主導了 iPod 產品的整個價值鏈,也決定了價值鏈的利益分配,獲得了價值增值的大部分利益,這證實了以下結論:跨國公司通過內部貿易控制全球價值鏈分工,以最大限度地提高企業的外部利益。

**註釋:**

[1] 田文(2006)對 Findlay 和 Jones(2001)擴展的李嘉圖模型進行了基本的運用,以說明加入中間投入品和中間工序生產過程的區段生產決定。

# 第三章　全球價值鏈分工下服務外包的貿易利益效應

## 第一節　服務外包與經濟增長利益

### 一、理論機制

傳統貿易理論認為，外貿是經濟增長的引擎，服務外包作為服務貿易的重要組成部分，對於經濟增長拉動作用明顯。這點可以通過引入 H-O 模型來加以簡單說明[1]。

根據 H-O 模型，現假定世界市場中僅有兩個國家，一個是資本相對豐富的 N 國，一個是勞動相對豐富的 S 國，有三種產品分別是 X、Y、Z，三種產品的資本密集性逐漸降低（圖 3-1 所示）。根據 H-O 理論，資源稟賦的差異使兩國可以通過國際分工和交換實現產出的擴大和福利的增加。一國應該生產並出口密集使用其充裕要素的產品，因此資本相對充裕的 N 國會選擇生產 X 和 Y 產品，勞動相對充裕的 S 國則會生產 Y 和 Z 產品。雖然兩國都可能生產 Y 產品，但是兩國資源稟賦的差異導致兩國在生產 Y 產品的相對成本是有差異的，假定採用相對工資率來代表生產 Y 產品的相對成本，圖 3-1 中表示為與等產量線相切的虛線。可以看出，N 國生產 Y 產品的相對工資成本要高於 S 國。

图 3-1 服务外包产出利益

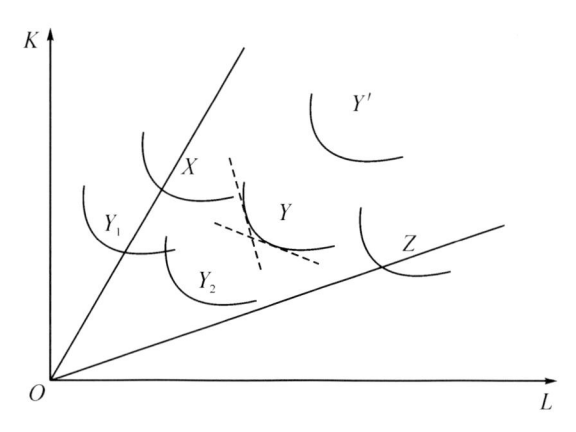

假定 Y 产品的生产由 $Y_1$ 和 $Y_2$ 两道工序组成，$Y_1$ 工序为资本密集型，$Y_2$ 为劳动密集型。假定不存在贸易壁垒，这样 N 国和 S 国可以实现工序的分工和合作，通过外包的方式来实现 Y 产品的生产，资本相对充裕的 N 国可以承接 S 国的 $Y_1$ 服务工序，而劳动相对充裕的 S 国可以承接 N 国的 $Y_2$ 服务工序。通过全球工序分工，两国均能实现资源配置的优化，Y 产品的新产出水准 Y′ 要远大于工序分工之前的初始产出。这很好地说明了离岸服务外包大大推动了国际分工的深化，提高了生产效率。无论是发达国家或是新兴市场国家，都可以利用资源禀赋优势，承接相应的服务工序环节，实现经济增长。

此外，根据内生经济增长理论[2]，服务外包对于承接国而言，可以通过对知识技术、人力资本以及制度环境等要素的影响来拉动经济增长（姚星，2009）。

1. 服务外包的技术溢出效应

所谓技术溢出是指在贸易或其他经济行为中，先进技术拥有者有意识或无意识地转让或传播他们的技术，包括国际技术溢出、国内技术溢出、产业间技术溢出、产业内技术溢出四种形式。

服务外包实际上是发达国家的企业将生产过程中的某项服务工序转移到发展中国家的企业，而这项服务工序最终要服务于产品的生产。因此，服务外包为发展中国家提供了一个学习渠道，从而产生技术扩散。跨国公司通过服务外包实现其技术转移，对东道国会带来外部经济，即技术溢出。

在服务外包中，对于技术上相对处于劣势的发展中国家而言，其得到了一个很好的学习机会，从而有可能产生技术扩散。一方面，服务外包作为知识技术密集型的产业，进入门槛相对较高，比如促使承接方通过「干中学」来提高技术水准，迎合发达国家的技术需求；另一方面，服务外包比传统制造业外

包具有更高的技術含量，需要發包方和承接方進行大量的業務溝通和交流，有利於承接方獲取知識。

2. 服務外包的人力資本累積效應

1979 年度諾貝爾經濟學獎得主舒爾茨在 1960 年美國經濟學年會上的演說中系統闡述了人力資本理論。在此之前，費雪在 1906 年發表的《資本的性質與收入》一文中首次提出人力資本的概念，並將其納入經濟分析的理論框架中。在當今後工業時期和知識經濟初期，人力資本將有著更大的增值潛力。因為作為「活資本」的人力資本，具有創新性、創造性，具有有效配置資源、調整企業發展戰略等市場應變能力。對人力資本進行投資，對 GDP 的增長具有更高的貢獻率。根據聯合國的定義，一個國家的人力資本以勞動者平均受教育年限、工資水準以及預計活躍在勞動市場的年限等來計算。

服務外包產業的發展需要較強的創新能力和知識水準，也可以說需要較高的人力資本。一方面，服務外包促進了承接國高等教育的快速發展。由於服務外包對人才質量的高要求，使服務外包企業的人員至少需要有一定的專業背景，如計算機、通信技術、語言等，因此，必然推動承接國擴大高等教育的規模，為服務外包發展提供強有力的人才支持。另一方面，服務外包促進了企業培訓。為了能夠在激烈的競爭中勝出，承接國企業必然需要構建一整套專業人才體系，以滿足發包方的需求。

3. 服務外包的制度環境改善效應

制度環境是指一系列與政治、經濟和文化有關的法律、法規和習俗，是人們在長期交往中自發形成並被人們無意識接受的行為規範，也是一種可供人們選擇制度安排的範圍使人們通過選擇制度安排來追求自身利益的增進受到特定的限制。

（1）有利於加強知識產權保護。服務外包主要涉及銀行、保險、會計、人力資源、軟件開發等知識技術密集型行業，這些服務跟知識產權密切相關，但又很容易在數據交換中被複製。因此，服務外包產業發展必然要求承接國盡快形成與之相適應的商務環境和制度規則，不斷完善與知識產權保護相關的法律制度。

（2）有利於降低交易費用。服務外包的本質是一種介於市場和企業組織之間的中間形式，可以通過整合外部資源來降低成本。儘管有別於一般的市場交易，但是雙方契約的履行同樣需要有效的制度保障，如果制度運行成本過高，將會影響發包方對承接國的區位選擇，因此服務外包的發展將推動承接國不斷完善制度建設，從而促進承接國交易成本趨向合理化。

## 二、中國的典型事實描述

(一) 服務外包產業迅速發展壯大

在國家政策的指導和大力支持下,從 2006 年到 2015 年,中國服務外包產業迅速形成和發展壯大。這十年,中國服務外包合同執行額從 2006 年的 13.84 億美元猛增至 966.9 億美元。在十年內,產業規模已跨越兩個數量級,成效顯著。2006 年,中國離岸服務外包執行總額為 13.84 億美元;2010 年,該數字猛增到 144.4 億美元,占全球離岸市場的 16.95%。中國已成為僅次於印度的世界第二大服務外包國。2015 年,中國離岸服務外包執行總額為 646.4 億美元,占全球離岸服務外包市場份額的 32.31%,世界排名第二。

「十三五」以來,中國服務外包產業依然繼續保持兩位數的增長。2016 年,中國服務外包執行金額為 1,064.6 億美元,同比增長 10.11%,相當於 2009 年的 7.7 倍。其中,離岸服務外包執行金額為 704.1 億美元,同比增長 8.94%,相當於 2009 年的 6.9 倍。2017 年,中國服務外包執行金額為 1,261.4 億美元,同比增長 18.48%。其中,離岸服務外包執行金額為 796.7 億美元,同比增長 13.15%[3]。

(二) 服務外包產業結構明顯優化

「十二五」以來,中國服務外包產業進入了結構調整期,信息技術外包、業務流程外包、知識流程外包業務比重發生了明顯變化,儘管信息技術外包始終占主體地位,但占比逐年下降,知識流程外包逐步成為增長引擎。2001—2005 年中國離岸軟件外包服務市場年複合增長率高達 52.1%,2006—2011 年下降到 38% 左右。2011—2015 年,中國信息技術外包、業務流程外包、知識流程外包的離岸執行金額占比由 58.2%、16%、25.8% 調整為 49%、14.2%、36.8%。2015 年,信息技術外包占比較 2008 年下降了 19.4 個百分點,知識流程外包占比較 2010 年上升了 22.8 個百分點。2011—2015 年,知識流程外包執行金額平均增長率達 40.71%,其中 2011 年知識流程外包離岸執行金額 61.4 億美元,同比增長高達 215.1%。2015 年,中國承接信息技術外包、業務流程外包、知識流程外包的離岸執行金額分別為 316.8 億美元、91.7 億美元和 237.8 億美元,同比分別增長 9%、16.1% 和 27.4%[4]。

「十三五」以來,中國服務外包產業向高技術含量、高附加值業務轉型,帶動著外貿不斷升級。隨著信息技術的變革,服務外包產業結構的優化,知識流程外包占比繼續上升,特別是在管理諮詢、知識產權、數據分析、醫藥研發、工業設計等領域發展較快。

2016年，信息技術外包、業務流程外包、知識流程外包三大業務領域執行金額分別為531.4億美元、195.1億美元、338億美元，同比增長分別為7.8%、19.3%、8.9%，占比分別為50%、18%、32%；離岸執行金額分別為330.4億美元、116.6億美元、257.1億美元，同比增長分別為4.3%、27.2%和8.1%，占比分別為47%、17%、36%。2017年，信息技術外包、業務流程外包、知識流程外包三大業務領域執行金額分別為618.4億美元、235.7億美元、407.2億美元，占比分別為49%、19%、32%；離岸執行金額分別為364.2億美元、129.3億美元、303.3億美元，同比增長分別為10.2%、10.9%、18%，占比分別為46%、16%、38%[5]。

從以上服務外包三大業務結構的比例的調整可以看出知識流程外包的拉動作用。研發設計、文化創意等知識密集型服務業的快速發展引領著服務外包的增長。反過來，KPO不僅帶動服務外包產業向價值鏈的高端拓展和延伸，也說明中國在產業創新方面的實力不斷增強，這個變化正是知識密集型服務業的國際競爭力不斷提升的標誌。

(三) 服務外包企業實力明顯增強

各地扶優扶強的政策導向加速服務外包市場向優勢企業集中，服務外包企業規模也在迅速擴大。2015年，中國的服務外包企業從2006年的500多家猛增至33,700家，為印度的兩倍。服務外包雇員人數從2006年的不到60,000人猛增到2015年的747.7萬人，年複合增長率超過70%，約是印度的兩倍。

2011—2015年，中國累計新增服務外包企業近1.7萬家，其中2011年新增企業增長率高達33.2%。大中型企業實力明顯增強，2010年、2011年、2015年承接離岸服務外包執行金額超1億美元的企業分別為15家、22家、86家。2014年，100人及以下的企業占比由過去的近70%下降為43.8%，有9家企業入選全球服務外包100強。

截至2016年年底，中國服務外包企業39,277家，相當於2010年的3倍左右，其中，2016年新增服務外包企業5,506家[6]。

從企業結構看，內資企業占主導地位。2010年，內資和外資企業數量占比分別為69.3%和30.7%，其中，民營、合資、外商獨資和國有企業在服務外包產業中的占比分別為54.3%、6.3%、24.4%和15%，反應出民企比國企具有更大的活力與發展潛力。2017年，全國內資、港澳臺和外資企業協議金額分別為684.8億美元、130.8億美元和305.2億美元，占比分別為61.1%、11.7%和27.2%；執行金額分別為463.1億美元、91.1億美元和248.1億美元，占比分別為57.7%、11.4%和30.9%[7]。

(四) 多元化全球市場佈局初步形成

中國內地服務外包的離岸市場覆蓋面不斷擴大，服務外包的承接來源地已經從歐盟、日本、美國、中國香港等傳統市場，拓展到了大洋洲、拉美、非洲、中東、東南亞等 200 多個國家和地區，特別是「一帶一路」沿線國家和地區。

中國內地承接歐盟、日本、美國、中國香港四大傳統發包市場的服務外包比重有所下降。2011 年，中國內地承接上述四地的服務外包執行金額佔離岸服務外包執行金額總量的 68.9%；2016 年，中國承接上述四地的服務外包執行金額合計 444.9 億美元，同比增長 11.7%，佔比 63.3%。從四大發包市場來看，中國內地承接歐盟外包業務執行金額由 2012 年的 54.6 億美元增長到 2017 年的 129 億美元，佔比一直保持在 15%～16%，較為穩定；承接日本外包業務執行金額由 2012 年的 48.3 億美元增長到 2017 年的 69 億美元，佔比由 2012 年的 14.4% 下降到 2017 年的 8.7%；承接美國外包業務執行金額由 2012 年的 89.4 億美元增長到 2017 年的 170.3 億美元，佔比由 2012 年的 26.6% 下降到 2017 年的 21.4%；承接中國香港外包業務執行金額由 2012 年的 33.9 億美元增長到 2017 年的 123.1 億美元，佔比由 2012 年的 10.1% 上升到 2017 年的 15.4%[8]。可見，儘管四大傳統發包市場總的比重下降了，但是中國香港的佔比不降反升，香港作為內地企業承接服務外包的主要來源地發揮的作用越來越大。

發達國家和地區依然是中國內地承接服務外包的主要來源地。2017 年，中國內地承接離岸服務外包執行金額前 10 位的國家和地區依次為美國 170.31 億美元、歐盟 (28 國) 129 億美元、中國香港 123.11 億美元、日本 69 億美元、新加坡 45.1 億美元、臺灣 36.01 億美元、韓國 34.38 億美元、德國 27.38 億美元、英國 21.13 億美元、荷蘭 13.76 億美元，增長最快的前 5 位依次為印度 40.99%、瑞典 34.9%、英國 28.86%、新加坡 21.22%、日本 19.44%[9]。

「一帶一路」倡議的實施為中國服務外包開闢了新的市場空間，支撐中國標準、設計、技術和服務「走出去」。2013 年，中國承接「一帶一路」沿線服務外包執行金額為 72.2 億美元；2014 年，執行金額為 98.4 億美元，同比增長 36.3%，高於整體增速 13.2 個百分點。2015 年，中國承接「一帶一路」沿線服務外包合同金額為 178.3 億美元，同比增長 42.6%，高於整體增速 20.4 個百分點；執行金額為 121.4 億美元，同比增長 23.4%，高於整體增速 4.4 個百分點。2016 年，中國承接「一帶一路」沿線服務外包合同金額為 161.46 億美元，佔離岸合同總額的 16.9%；執行金額為 121.23 億美元，佔離岸執行總額

的17.2%。2017年，中國承接「一帶一路」沿線服務外包合同金額為312.4億美元、執行金額為152.7億美元，分別相當於2013年的3.1倍和2.1倍[10]。以上數據表明「一帶一路」沿線國家和地區正在釋放著巨大的市場潛力。

在服務外包領域，中國的合作對象國主要集中在以下10個國家，分別是：俄羅斯、新加坡、馬來西亞、印度尼西亞、越南、泰國、印度、巴基斯坦、伊拉克、沙特阿拉伯。2016年，中國承接上述10國的服務外包執行金額為89.2億美元，占比達73.6%。其中，承接伊拉克的服務外包執行金額增長最快，增長率達67.4%。

由於地緣優勢和文化相似，中國與東南亞國家的市場基礎不斷完善，在產能合作、互聯互通上不斷推進，也帶動了服務外包的快速增長。2015年，中國承接東南亞國家服務外包合同金額為89.9億美元、執行金額為63.2億美元，同比分別增長30.6%和17.3%，占比分別為50.4%和52.0%。2016年，來自東南亞11國的服務外包執行金額為23.4億美元，占比54.2%[11]。

就西亞和南亞地區而言，沙特阿拉伯、伊拉克、印度、巴基斯坦等國是主要的發包國。中國與這兩大地區在基礎設施、港口、裝備、交通運輸、能源、信息通信等領域的合作日趨密切，這將會釋放出更多的外包需求。2015年，中國承接西亞國家服務外包合同金額為43.4億美元、執行金額為25.2億美元，同比分別增長113%和61.4%；承接南亞地區國家服務外包合同金額為22.8億美元、執行金額為17.85億美元，同比分別增長40.1%和35.4%[12]。此外，中亞、蒙古、俄羅斯、中東歐地區與中國服務外包合作進程加快。2016年，中國承接中東歐16國服務外包執行金額增長率達26.3%，是增長最快的區域。

(五) 示範城市主體地位確立

服務外包示範城市繼續根據自身的區位和資源優勢，探索特色產業的發展路徑，逐步形成以北京、上海、深圳、大連為核心，輻射周邊地區的區域佈局。2015年，21個示範城市離岸服務外包執行金額為561.2億美元，相當於2010年的4.1倍，全國占比86.8%。截至2015年年底，21個服務外包示範城市共聚集服務外包企業20,920家，相當於2009年 (7,013家) 的2.98倍，全國占比61.94%，較2009年 (78.36%) 下降了16.42%。截至2015年，21個服務外包示範城市累計認證數量達9,356個，獲得13項國際認證5,354個，分別占全國總量的60.4%、61%；從業人員443.7萬人，全國占比為60.39%[13]。

2016年，全國服務外包示範城市增加到31個，完成服務外包執行金額

999.2億美元，全國占比為93.9%；離岸服務外包執行金額657.9億美元，全國占比為93.4%。其中，南京、無錫、蘇州等前10位示範城市服務外包執行金額共計747.9億美元、離岸服務外包執行金額共計519.4億美元，占示範城市的比重分別達74.85%和78.95%，說明服務外包產業主要集中在上述10個城市[14]。

2016年，新增的10個示範城市服務外包執行金額為102.1億美元，占示範城市規模的10.2%；離岸服務外包執行金額約61億美元，同比增長32.2%，高於示範城市和全國平均增速，成為服務外包產業新的增長極。2017年，示範城市承接的服務外包執行金額為1,154.3億美元，離岸服務外包執行金額為730.1億美元，全國占比分別為91.4%和91.6%[15]。以上數據充分說明服務外包示範城市保持主體地位，產業競爭力不斷增強，引領帶動作用突出。

服務外包的快速發展對中國的經濟增長起到了積極的作用。

（一）新的經濟增長引擎

在「十二五」期間，中國服務業占國內生產總值的比重超過50%，成為國民經濟中經濟發展的新的增長點和最大產業。服務外包作為知識密集型和智力人才密集型服務業，激發了服務業新業態和新模式的迅猛發展。它是促進現代服務業發展，提高服務業整體水準，促進服務業拉動GDP的重要力量。

同時，服務外包產業的跨越式發展加快了信息技術與傳統產業的融合。新技術帶來的變化促進了服務外包技術平臺和外包/交付平臺的不斷創新，新技術也越來越多地滲透到實體經濟中並形成了新的實體經濟。當前，新型實體經濟正在迅速興起，已成為推動消費、創新增長、帶動就業以及增強中國經濟活力的重要力量。

（二）新的區域發展佈局

「十二五」以來，中西部城市基礎設施不斷完善，憑藉資源、土地、人力等要素成本較低等優勢，對國內外服務外包產生了非常大吸引力，加速了產業的轉移和集聚，打破了長三角、環渤海、珠三角示範城市，尤其是長三角地區，諸如上海、南京、蘇州、杭州、無錫5個示範城市為主要聚集區、輻射周邊的主導格局。

2016年，東部地區服務外包執行金額和離岸服務外包執行金額分別占全國比重的85.4%和87.3%；中西部地區服務外包執行金額和離岸服務外包執行金額分別占比14.4%和12.7%，其中西部地區新增服務外包企業數量和服務外包執行金額分別增長181.3%和23.6%[16]。

武漢、成都、重慶、西安、合肥這些中西部省會城市的吸引力日趨明顯，

已經發展成為國際服務外包交付中心,具有一定影響力。東、中西部城市相互融合發展,呈現出一定的分工關係。由於產業佈局和成本因素,導致原本在上海、北京設立總部的服務外包企業紛紛在中西部城市設立交付中心,東、中西部產業鏈不斷融合,「一線城市接單、二三線城市完成交付」的模式,不僅促進了中西部城市利用資源稟賦參與價值鏈分工,也帶動了中西部地區服務外包產業的發展以及經濟開放水準。長江經濟帶發展戰略、京津冀協同發展戰略、粵港澳大灣區發展戰略等戰略的實施,將會大大增強北京、上海、廣州、深圳、南京、天津等中心城市的服務外包產業輻射能力,帶動其他地區發展。

(三) 新的經濟開放熱點

1. 吸引外資的新增長點

服務外包是跨國公司在華投資的新模式和新業態,已成為中國利用外資新的增長點。在過去的十年中,跨國公司在中國建立了研發中心、支付中心、共享中心、接收中心和人才庫/培訓中心,並轉移了軟件和信息技術的研發、設計、物流採購、金融、財務、諮詢和人力資源管理等國際服務外包,取得了顯著成效。根據調查數據可知,2015 年中國的外商投資和中外合資服務提供商占 45%。其中,IBM、埃森哲等全球領先的服務提供商在中國擁有超過或近 10,000 名員工。

2. 海外併購的新生力量

近年來,中國服務外包企業的海外投資合作快速增長,海外併購、分支機構建設加速。從 2007 年到 2015 年,博彥科技在美收購了印度 ESS、TPG 和 PDL 公司;2012 年,軟通動力收購了加拿大商業智能數據提供商 Abovenet;2016 年,文思海輝收購了總部位於紐約的專業數字服務公司 Blue Fountain Media（BFM）,在數字化轉型過程中邁出了堅實的一步。

同時,服務外包企業加快了海外研發中心和支付中心的建設。目前,中國領先的服務外包企業的海外分支機構分佈在日本、美國、英國、芬蘭、瑞典、印度、澳大利亞、越南等地。

3. 推動實施「一帶一路」倡議的重要載體

隨著「一帶一路」倡議的加快推進,通過產能合作、基礎設施建設、工程承包等釋放出了一系列的服務外包的業務。2015 年,中國承接「一帶一路」沿線國家的服務外包業務合同執行額為 121.4 億美元,同比增長了 23.4%,占全國離岸服務外包合同執行額的 18.8%。服務外包產業已成為推動「一帶一路」倡議實施的重要載體之一。

## 第二節　服務外包與就業擴張利益

### 一、理論機制

承接離岸服務外包促進就業增加可以分為直接就業和間接就業兩方面：一是承接離岸服務外包的直接結果會導致就業增加，因為接包國承接了發包國的服務內容，產生新的就業崗位，必然引起就業數量的增加；二是離岸服務外包可以提升國內服務業的技術水準，創造更多的知識型勞動就業機會，因此進行離岸服務外包服務除了有直接擴大就業的效果，還可以間接地，在更廣泛的程度上，促進知識型勞動者的就業。下面借鑑薩繆爾森（1971）貿易模型來分析離岸服務外包的貿易利益。

假設世界經濟中只有兩個國家，A國為服務外包承接國，B國為服務外包發包國。只有勞動和資本兩種生產要素，遵循規模報酬遞減。A國是勞動相對充裕的國家，B國是資本相對充裕的國家。A國的勞動生產率比B國低。如圖3-2所示，橫軸代表A、B兩國的勞動數量，A國的勞動數量為 $OA$，B國的勞動數量為 $O'A$。縱軸代表A、B兩國的勞動邊際產品價值。A國和B國的勞動邊際產品價值用 $VMPL_A$、$VMPL_B$ 來表示。

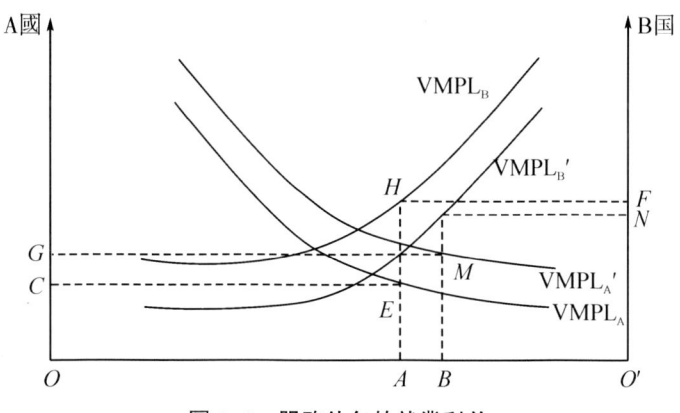

圖3-2　服務外包的就業利益

假設生產某一項服務工序，A國勞動生產率低於B國，A國的工資率水準為 $OC$，B國的工資率水準為 $O'F$，且 $O'F>OC$。B國為了進一步提高企業競爭力，降低經營成本，將一部分的非核心業務外包給A國來完成，使得A國（承接國）的就業人數增加，從 $OA$ 增加到 $OB$。同時，因為A國在承接服務外

包過程中，產生了技術外溢，提高了勞動生產率，A 國的工資水準也相應地提高，從 $OC$ 上升至 $OG$，相應的勞動邊際產量價值曲線從 $VMPL_A$ 上移至 $VMPL_{A'}$，勞動收入面積也從 $OAEC$ 擴大至 $OBMG$。與之相對，B 國的就業人數下降，從 $O'A$ 減少至 $O'B$，因為競爭關係使得工資水準也相應下降，從 $O'F$ 降到 $O'N$，B 國勞動邊際產量價值曲線從 $VMPL_B$ 下降至 $VMPL_{B'}$，最終兩國勞動邊際產量價值曲線相交於 $M$ 點，實現均衡。B 國的勞動收入面積也從 $O'AHF$ 縮小至 $O'BMN$。

以上的理論模型告訴我們，服務外包對於承接國具有明顯的就業增加效應，並且提高了承接國的工資水準。對於發包國而言，短期內就業數量將會受到一定的衝擊，工作崗位減少和工資水準下降，整體的收入水準下降。基於此，發達國家出現不同程度反對服務外包的呼聲，他們認為「中國工人的收入和生活水準提高，已轉化為壓抑發達國家工資和勞動力收入增長的一股逆風」①。但從長期看，對於發包國而言，可以通過優化產業結構，實現勞動轉移，經過技能培訓，失業者可以選擇進入新的更高生產率的行業中，可以彌補服務外包帶來的就業負效應，並可以獲得更高的收入，促進經濟的進一步發展。總之，服務外包無論對於發包國還是承接國的就業和收入均產生正向的影響效應，對雙方來講都能實現貿易利益。

綜上，服務外包除了有就業擴張和工資效應以外，還有提升勞動力質量的人力資本效應。

1. 價格信號

價格信號一般通過承接國就業市場的勞動報酬來體現。在就業市場上，薪資水準的高低以及行業未來前景會影響潛在就業者的人力資本投資決策。一般而言，就業前景好，薪酬高的行業會增加其人力資本投資的積極性。服務外包行業具有明顯的人力資本密集型特徵，特別是當前服務業向高端產業鏈延伸，薪酬較高而且呈上升趨勢。因此，服務外包提供給高技能勞動者較多的就業機會和較高的工資報酬，預期收入的增加刺激潛在就業者對人力資本專業教育投資，促進增加基礎教育、職業教育等方面的投入，最終促進人力資本累積。

2. 教育培訓

服務外包可以通過研發外包這種方式跟承接國的教育研究機構進行直接合作。該研發機構可以提供一系列的培訓課程，培養企業需要的優秀人才。因此發包企業無論是直接投資於該研發機構還是以設立獎學金和研究基金的方式提供資助，一方面滿足自身對於人才的需求，另一方面也在一定程度上促進了承接國人力資本的累積。承接國企業在與發包國企業合作中，可以獲取知識和技

---

① 史蒂芬·羅奇. 中國勞動力套利優勢仍在 [N]. 證券日報，2006-05-08（3）.

術外溢的好處，提高本國的人力資本的質量。

與教育相比，發包方在彌補承接國勞動力知識及技能不足上往往採用培訓這一便捷方法。服務外包高端化的趨勢越來越明顯，承接方必須具備一定的專業技能才有可能勝任。因此，服務外包企業會根據項目本身的要求對員工進行技能培訓，比如計算機、通信技術、外語，等等。這些崗位技能方面的培訓間接對承接國人力資本質量產生積極影響：①培養了一批具備專業技能的人才；②知識外溢，即在培訓過程中，發包企業的先進技術和管理經驗不僅提升了本企業員工知識水準，而且在同行業中擴散，提高了整個行業的人力資本質量；③要素流動，即當員工轉換工作或者自己創業的時候，可以將原有企業的知識傳遞給新的企業，從而大大提升整個行業的技術水準和管理水準。

3. 經驗累積

阿羅[17]認為，一國生產率的提高離不開經驗的累積。承接國企業在承接服務外包過程中，不斷重複提供一項服務工序，通過干中學的經驗累積，逐漸掌握了該項業務的技巧，不僅提升了服務質量和效率，也使得自身員工的素質得以提高。就企業而言，組織成員間的默契度和合作意識及團隊精神也會隨著服務承接累積量的上升而不斷地得到鍛煉，這些將有利於企業人力資本的累積。根據經驗曲線原理，整個服務外包行業生產效率的提高必然帶動承接國人力資本質量的提升。

## 二、中國的典型事實描述

服務外包產業是一個創新型和人才密集型的服務業。作為新興產業，以人為本，聚集了一批高學歷、綜合性的人才，具有明顯的就業擴張效應。

（一）以大學生為主的人才結構

從 2006 年到 2015 年間，中國服務外包產業的就業人數從不到 6 萬人增加到 736 萬人。2011—2015 年，中國服務外包產業就業人數年均增長率為 26.13%，其中，2015 年服務外包產業新增從業人員 127.4 萬人，吸納就業總數 734.7 萬人，同比增長 21%，相當於 2011 年的 2.3 倍。2016 年，新增從業人員 121 萬人，同比增長 16.47%[18]。以上數據表明，服務外包從業人員不僅保持了較快的增速，而且隨著服務外包產業從北、上、廣、深等一線城市向中西部二三線城市轉移，服務外包產業吸納就業能力也在擴大，湖北、江西、河北、河南等省份新增就業人員數量增幅較大。

服務外包產業在吸收高學歷人才就業方面發揮了重要作用。2011—2015 年，全行業大學生就業人數從 223.2 萬人增加到 471.6 萬人，占服務外包就業總人數比重為 67% 左右。2016 年，服務外包產業新增大專以上學歷就業人數

79.7萬人，占新增從業人數的65.9%；全行業吸納大學生就業551.3萬人，相當於2011年的2.4倍，占比64.43%。截至2016年年底，服務外包產業從業人員增加到855.7萬人，其中大專以上人員551萬人，占65%；碩士研究生學歷為42.4萬，占4.97%；博士研究生學歷為12.2萬人，占1.43%。[19]從2009年到2016年間，服務外包產業一共吸收了482.2萬名大學畢業生，成為中國大學畢業生最主要的就業渠道之一，大大緩解了大學生的就業壓力。

（二）以外包企業、培訓機構、職業學院為主體的人才培訓體系

服務外包企業、培訓機構、行業協會、園區、高等院校等載體共同推動多層次、多渠道的中國服務外包人才培養體系的建立。一些示範城市的「服務外包人才培訓基地」取得了一定成果，在解決當地人才問題方面發揮了積極作用；一批服務外包企業通過加強校企合作，不斷實現人才培養模式創新，將高校的人才資源、學科優勢與企業的具體實踐相結合，使得在校大學生的技能得到極大的提升；第三方培訓機構發展迅速，人才輸出能力不斷提高。

截至2015年年底，全國累計培訓服務外包員工為386.9萬人。其中，「十一五」期間共培訓了86.9萬人。由於國內加大了培訓力度和注重引進海外人才，服務外包的人才素質迅速提高。「十二五」期間，一共培訓了300萬人，逐步形成了高端人才領軍、終端管理人才支撐、實踐應用人才基礎的服務外包專業人才隊伍。

# 第三節　服務外包與技術進步利益

### 一、理論機制

服務外包主要通過以下幾種途徑產生技術外溢：①增加中間投入品的種類。在現有信息和通信技術高度發達條件下，外包的承接國利用服務產品的可存儲的特性，在輸出服務的同時，既增加了發包方所在最終產品部門可使用的中間服務產品的種類，也增加了本國所在最終產品部門可使用的中間服務產品的種類，使得國內技術水準和服務能力得到大大提升。②技術交流。發包方為了保證服務外包的質量，會外派人員到東道國的接包方，提供培訓和技術諮詢，這種技術交流的方式提升了接包方的服務水準。③顯性知識的轉移。承接國的企業在提供外包服務的過程中，發包方設定的服務標準或服務藍圖就成了顯性知識得以轉移的載體。④研發成果的溢出。軟件服務外包涉及不少的創新成果，比如軟件、數據安全等，這些研發成果會在提供信息服務外包的過程

中，向接包企業溢出。下面以顯性知識轉移過程為例，具體闡述服務外包的技術溢出利益（喻美辭，2008）。

新經濟增長理論的代表人物阿羅與羅默等人指出，知識具備天然的外部性，這是其區別於資本和勞動力要素的特徵之一。知識溢出效應指的是知識在生產過程中產生的對外擴散和傳播效應。承接國可以利用知識溢出效應，通過承接技術先進國的服務外包業務，在干中學的過程中，不斷學習和掌握來自技術先進國的知識，使得自我創新力得到極大的提升。我們可以用這個理論來解釋服務外包對於技術進步的影響機制。

服務外包有著不同於製造外包顯著的特徵，即服務商品的無形性、差異性，這使得發包方對於服務外包的質量難以控制，於是較之製造外包，服務外包雙方在合作的過程中需要頻繁地溝通交流和反饋信息與知識。在這一過程中，作為接包方，需要消化並吸收從發包方傳遞的信息與知識。這些信息與知識主要涉及企業戰略意圖和內部資源管理。對接包方而言，其提高了知識庫的累積。特別是在業務流程外包中，雙方企業的服務合作內容將進一步深入到企業內部，將導致更多的知識流動，即在服務外包的發包方和承接方之間形成信息與知識的流動機制。

知識管理理論可以應用於服務外包領域，我們清楚地看到發包企業如何將先進的知識和技術轉移到接包企業，從而推動技術相對落後的接包企業，實現技術進步和升級。根據知識管理理論，服務外包中的信息與知識可以分為兩類，即顯性知識和隱性知識。顯性知識是指可以以產品外觀、文檔、說明書、數據庫、公式和計算機程序等表現形式，用正式的語言明確表達的知識。

我們將知識管理理論用於服務外包的分析，就可以知道發包企業是如何通過轉移先進的知識和技術，使得技術落後的接包企業能夠實現技術進步。按照知識管理理論，我們可以將服務外包中的信息知識分為兩大類，即顯性知識和隱性知識。顯性知識，也稱編碼知識，人們可以通過口頭傳授、教科書、參考資料、期刊、專利文獻、視聽媒體、軟件和數據庫等方式獲取，也可以通過語言、書籍、文字、數據庫等編碼方式傳播，更方便人們學習。顯性知識可以圖書館、數據庫等開放的渠道獲取，其傳播和複製的成本相對較低。

然而，顯性知識只占公司全部信息、技術的一小部分，其大部分信息、技術是以隱性知識的形式存在的。隱性知識是邁克爾·波蘭尼（Michael Polanyi）在1958年從哲學領域提出的概念。按照波蘭尼的理解，隱性知識和顯性知識是相對的，是指那種我們知道但難以言述的知識（表3-1為顯性知識與隱性知識的區別）。隱性知識可以分為兩個方面：一是隱性技術知識，其中包括隱

藏在研發部門及其員工頭腦中難以表達的、非正式的訣竅、技巧和技能等；二是隱性理念知識。它包括洞察力、直覺、感悟、價值觀、心智模式、團隊的默契和組織文化等。隱性知識具有高度個性化的特徵，難以被規範，難以直接傳遞給他人，但隱性知識在技術創新中起著非常關鍵的作用。技術創新者只有掌握了隱性知識才有可能取得成功。因此，隱性知識的顯性化成了企業知識管理的核心。

表 3-1　顯性知識與隱性知識的區別

| 區別 | 顯性知識 | 隱性知識 |
| --- | --- | --- |
| 存儲方式 | 文檔 | 人腦 |
| 能否編碼 | 能 | 否 |
| 文字記錄 | 容易 | 很難 |
| 轉移難易程度 | 容易 | 很難 |

雖然企業的顯性和隱性知識之間存在明顯差異，但在某些條件下可以相互轉化。隱性知識可以轉化為顯性知識，而顯性知識反過來也可以促進隱性知識的形成。日本學者野中鬱次郎（Ikujiro Nonaka）和竹內（Konno）提出了兩者之間關係的著名理論模型[20]，即隱性知識向隱性知識轉化的社會化過程；隱性知識向顯性知識轉化的外部化過程；顯性知識向顯性知識轉化的綜合化過程；顯性知識向隱性知識轉化的內化過程（如圖 3-3 所示）。

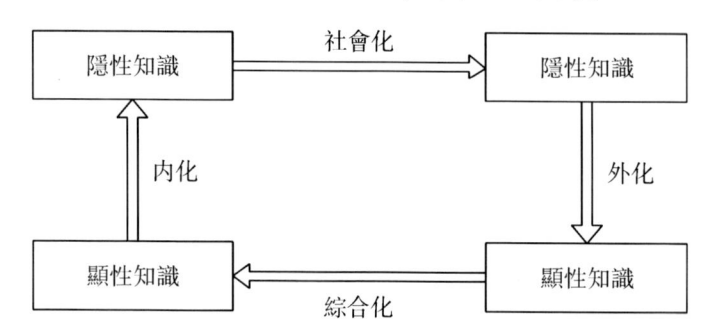

圖 3-3　開放條件下知識轉化的 SECI 模式

資料來源：馮進路. 企業聯盟：知識轉移與技術創新 [M]. 北京：經濟管理出版社，2007：41.

1. 隱性知識向隱性知識轉化的「社會化」過程

在服務外包合同的整個管理過程中，從簽訂合同之前的審查和評估接包企業，到合同的執行，信息的反饋，再到談判都涉及轉移和溝通隱性知識方面的

問題。為避免出現惡意談判現象，如在簽訂合同前減少信息不對稱造成的逆向選擇和道德風險，雙方需要積極互動，增進相互之間的瞭解，發包企業派相關人員到接包企業進行現場調查和對接，評估接包企業的服務能力。在執行合同時，為了確保合同企業的服務質量符合合同要求的質量標準，一方面，發包企業在整個服務週期內將派遣相關的專業技術和管理人員對接包企業人員進行業務培訓；另一方面，接包企業也會派遣優秀的技術和管理人員到發包企業進一步學習提高。在提交服務結果的過程中，雙方的技術和管理人員也會經常溝通服務質量和客戶滿意度等細節問題。服務外包合同雙方通過調查、研究、培訓、談判、模仿和實踐等形式，實現了隱性知識到隱性知識的「社會化」轉換。

2. 隱性知識轉化為顯性知識的「外化」過程

隱性知識轉化為顯性知識的「外化」過程，即將隱性知識表達為顯性知識的過程。這一過程對知識的轉移和創新至關重要。在服務外包過程中，公司定期和不定期地召開一些商務會議，聘請高級技術人員在會議上做報告，參與者參與討論，並將會議記錄、討論結果和心得體會等留存備案。接包企業將這些經驗作為工作報告、操作程序和管理規範等應用於實際工作中，使工作中的一些非正式知識逐漸轉化為可以用符號識別的正式知識，隱性知識逐漸轉換為顯性知識，不斷豐富和完善接包企業的內在知識體系，提高服務外包的技術水準。

3. 顯性知識轉化為顯性知識的「綜合化」過程

也就是說，通過各種形式，雙方將顯性知識和隱性知識結合成更複雜和系統化的顯性知識中。在服務外包過程中，接包企業獲得發包企業的顯性知識和由部分隱性知識轉化的一些顯性知識，通過收集、整理和消化這些知識，並將其重新組合成一個更系統化的整體，從而創造新的和更複雜的顯性知識。

4. 顯性知識轉化為隱性知識的「內化」過程

顯性知識轉化為隱性知識的「內化」過程，即將顯性知識轉化為隱性知識，成為個人和企業全體實際能力的過程。服務接包企業可以通過各種方式和方法，消化和吸收發包企業的顯性知識以及隱性知識轉化的顯性知識，並在實際工作中進行整合和應用，使之成為接包企業的經營哲學，精神和價值觀，只有這樣的先進知識和技術才能實現真正的轉移。

總之，這樣可以在企業內形成一種良性循環系統，即顯性知識和隱性知識可以相互轉化。通過該系統，接包企業可以從發包企業中學習先進的知識和技術並消化、吸收和再創新，從而實現承接國的技術進步。

## 二、中國的典型事實描述

服務外包企業要發展壯大,提高國際競爭力,必須要加大技術研發投入和實現數字化轉型,通過國際併購重組來獲取新的核心技術,在創新驅動實踐中,逐步實現與發包企業向提供綜合服務、建立長期合作關係轉變。一方面,積極通過國際資質認證以及技術先進型企業認定。截至 2015 年年底,中國服務外包公司已累計獲得軟件能力成熟度(CMM)等國際資格認證 14,203 個,其中獲得 CMMI5 級、CMM5 級最高認證以及 SAS70、AAALAC、PCMM、COPC 行業認證的企業比重逐步增加。2016 年,中軟國際、浪潮、海信文思、浙大網新、瞬聯軟件、軟通動力六家公司入選「IAOP 全球外包服務百強企業」。

另一方面,軟件信息技術企業在軟件著作權的登記數量上增加很快,技術創新能力不斷增強,「十二五」時期平均增長率維持在 30% 左右。2011 年全國軟件著作權登記量為 109,342 件,相當於 2006 年(21,495 件)的 5 倍多;2015 年達到 292,360 件,相當於 2011 年的 2.7 倍、2006 年的 13.6 倍;2016 年達到 40.8 萬件,同比增長近 40%,也是 2010 年以來增長最快的一年;2017 年已經突破 70 萬件[21]。

服務外包是一個與時俱進的先進技術驅動的創新產業。服務外包的發展和壯大,不僅得益於信息技術、互聯網和社交媒體的興起和廣泛應用,而且還產生了強大的技術溢出效應,不斷顛覆傳統的管理理念,創造了新的商業模式和業態,催生了新的數字化服務業務。具體表現在以下幾個方面:

第一,在向數字服務業務轉型的過程中,為了培養新的競爭優勢,中國服務外包企業緊跟技術趨勢,並繼續擴展服務產品和服務領域,採用新的支付方式和先進的信息技術,使其與製造業等實體經濟以及金融、電信等行業深度融合,推動了服務外包產業的轉型和升級。2015 年,從業務結構看,中國服務外包 TOP10 的企業主要涉及應用研發與服務、諮詢和解決方案實施、應用軟件外包、本地化服務、知識流程外包等高技術含量、高附加值的業務,占比超過 50%。以東軟為例,2015 年其一半業務來自諮詢服務和行業解決方案服務。

第二,借助下一代信息技術,中國服務外包企業正在從單一技術服務轉變為綜合的行業解決方案服務,並且行業服務能力不斷提高。垂直產業的深度培育使企業轉變為高附加值企業。知識流程外包和業務流程外包的比例明顯增加,服務外包業務結構不斷優化。2006 年,中國服務外包企業提供的服務主要是信息技術外包,占 68%;業務流程外包約占 32%;知識流程外包幾乎為零。2015 年這一比例為,知識流程外包占 32.1%,業務流程外包占 16.9%,信

息技術外包占51%。

第三，大數據、雲計算和人工智能等創新技術的開發和應用為服務模式和交付方式的轉換提供了支持。中國的服務外包產業已經開始從傳統的成本驅動型向技術驅動型和商業價值型轉變，服務外包雙方已經形成了更緊密的戰略合作關係。

## 第四節　服務外包與產業升級利益

### 一、理論機制

在產業經濟學中，狹義的產業概念通常指具有某種同一屬性的經濟活動的集合[①]。比較常見的產業結構的含義是指在社會再生產過程中，國民經濟各產業之間的生產技術經濟聯繫和數量比例關係[②]。

產業結構可以從質和量的角度來定義。從質來看，產業結構可以從勞動、資本和技術等生產要素在某一產業總產值中的比重來衡量，還可以用國際競爭力指標來衡量；從量來看，產業結構主要表現為三次產業間、三次產業內部以及三次產業的產品結構。

國務院發展研究中心（2010）明確界定了產業結構升級的定義，其指出產業結構升級是指在特定的國內外經濟環境和資源條件下，按照一般的產業結構演進規律和產業發展的內在要求，採取一定的措施，不斷提高產業的結構層次和發展水準，以保證國民經濟長期持續增長的一種經濟活動[③]。一國產業結構的升級主要體現在兩個層面，在宏觀層面上表現為三次產業結構比例的變化，第一產業所占比重下降，第二產業和第三產業所占比重逐步上升。微觀層面上表現為價值鏈的攀升，即在新的國際分工模式下，從低附加值的生產加工環節梯度轉移至高附加值的營銷和研發環節；在融入全球價值鏈的過程中，從低層級供應商逐漸上升為高層級供應商或領導廠商。

產業結構升級是由低級形態向高級形態演變過程，也是產業技術進步和經濟效益提高的過程。產業結構升級主要表現為三個層次：產業結構合理化，產

---

① 郭萬達. 現代產業經濟辭典 [M]. 北京：中信出版社，1991：15.
② 戴伯勳，沈宏達. 現代產業經濟學 [M]. 北京：經濟管理出版社，2001：51-52.
③ 劉世錦，王曉明，袁東明，等. 中國產業結構升級面臨的風險和對策 [J]. 經濟研究參考，2010（13）：2-43.

業結構高度化,產業結構高效化。

產業結構合理化是指產業間各種資源合理配置的過程。因此,判斷一個國家或地區產業結構是否合理的主要標準是看資源是否實現了最優配置。我們可以用三次產業結構比例指標,即第一、第二、第三產業在GDP中所占的比重,來衡量產業結構合理與否。

產業結構高度化的本質是產業結構的優化升級過程。具體表現為產業結構的高附加值化、高技術化、高加工度化和高服務化這四個方面。高附加值化是產業結構的最終目標,企業通過高附加值化實現對經濟增長的推動作用;高技術化、高加工度化和高服務化是實現這一目標的基本途徑和保障,通過提高技術密集型和知識密集型產業比重,以加工製造為重心,提高生產性服務業的比重,實現一國產業經濟效益的整體提升。產業結構高度化主要通過霍夫曼比例指標、信息產業產值比重指標、智力技術密集型集約化程度等指標來衡量。

產業結構高效化表現為產業間資源配置的優化和產業總體經濟效益不斷提升的過程。一個國家應逐步減少生產率比較低的勞動密集型產業的比例,逐步提高生產率相對較高的資本密集型和技術密集型產業的比例,實現低效產業向高效產業的演變。產業結構高效化的主要指標為:產業結構經濟效益指數、綜合消耗產業率指數,以及綜合技術進步貢獻率指數等。

服務外包可以通過以下途徑來優化承接國的產業結構:

1. 服務外包通過技術溢出效應優化技術結構

發包企業往往在生產技術、經營管理等方面具有很強的比較優勢,接包企業可以通過示範效應、關聯效應和競爭效應等多種方式獲得技術溢出效應。

(1) 示範效應。由於服務外包對象是無形的服務,個性化強,企業主要根據客戶的需求來確定服務的內容。再者,由於服務外包雙方契約的不完備性,發包企業為了控制服務質量,需要將接包企業的服務活動納入業務流程,並提供相應的技術培訓和技術諮詢,並通過技術交流實現對接包企業全面的指導。通過這樣的流程管理,接包企業可以學習到技術和研發方面的經驗。此外,接包企業還可以通過在岸服務外包市場,為國內的發包企業提供服務,使得國內同類型的接包企業也可以從中瞭解到國外先進的技術和管理經驗,對其技術改進和管理流程進行優化。

(2) 關聯效應。產業關聯效應指的是一個產業的生產、產值、技術等方面的變化引起它的前向關聯關係和後向關聯關係對其他產業部門產生直接和間接的影響,從而可以分為前向關聯效應和後向關聯效應(圖3-4為產業關聯效應機制)。前向產業關聯指的是接包企業對國內上游原材料供應商的影響。

發包企業較高的技術要求必然會使接包企業對國內生產要素的前期投入提出更嚴格的要求，那麼國內上游原料供應商必然會提升其產品的科技含量，從而帶動承接國相關產業的科技進步。後向關聯效應意味著接包企業在承接外包項目的過程中提高了服務質量，學習了新的技術和管理經驗，這些研發成果將被國內相關企業積極利用。

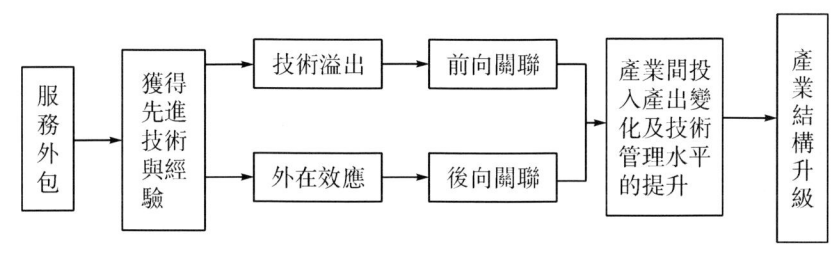

圖 3-4　產業關聯效應機制

（3）競爭效應。一般而言，服務外包市場能給接包企業帶來較高的盈利空間，面對日益增加的市場需求必然會引起國內企業爭相開展服務外包業務，從而使服務外包行業的競爭程度加劇。這種激烈的競爭將鼓勵接包企業增加研發、營銷等方面的投入，從而促進承接國服務外包產業的技術進步和生產力的提高。具體而言，服務外包的競爭效應主要體現在兩個方面：第一，接包企業能夠快速獲得國際先進技術和管理經驗，從而不斷提高服務外包的質量和市場競爭力。第二，市場機制促使國內產業重新洗牌，優勝劣汰。不斷優化國內資源，提高整體行業生產率，促進產業結構優化升級。

2. 服務外包通過就業效應優化勞動力結構

勞動力要素是一國經濟發展的主要投入要素，勞動力結構直接影響著一國產業結構，而服務外包可以通過改變勞動力結構，即人力資本的存量和質量來促進一國產業結構的升級。發展中國家大多數承接的是技術水準偏低的服務外包，通過接包可以有效地提高承接國的勞動力質量和就業率。為了保證服務的質量，發包企業需要對接包企業進行人員培訓，以滿足其技術標準和管理質量要求，在培訓過程中還可以間接加快接包企業所在行業形成完備的人才體系，增加承接國人力資本的累積。

3. 服務外包通過資本累積效應優化生產要素結構

發包企業開展服務外包業務，往往採取以下三種治理模式：層級型、市場型和關係型。如果是在海外設立子公司為母公司提供外包服務，則為層級型；如果是有專業的第三方提供外包服務，則為市場型；如果是發包企業在海外建立一個合資企業為母公司提供外包服務，則為關係型。層級型和關係型治理模

式都將給承接國輸出資本，引發服務業直接投資。另外，服務外包除了為承接國帶來大量資金外，還可以引導資金進入服務業。一些企業憑藉自身優勢不斷拓展服務環節，專門承接其他企業服務外包，使自身服務部門成為獨立的專業服務提供商，因而催生了大量的第三方服務企業。

總之，服務外包的契約性質使服務發包企業與服務接包企業之間的關係更加緊密。在服務外包的條件下，產業升級將沿著企業能力提升—產業結構優化的軌跡進行。承接國通過服務外包的技術溢出，促進了技術進步；通過服務外包的就業擴張，提高了就業水準，特別是增強了第三產業的就業吸納力；通過服務外包綠色、高附加值的特性，加快了資本累積。這些溢出效應可以使企業持續成長，企業能力的提升最終體現了一國在全球生產網絡中的地位，從價值鏈的低端環節到高端環節，從非戰略環節到戰略控制環節。服務外包不僅促進了國內服務業的發展，同時也帶動製造業的優化升級，最終實現了一國產業結構的整體優化升級。

### 三、中國的典型事實描述

中國服務外包企業服務能力和創新能力的不斷提升帶動著服務外包業務結構的變化，朝著數據分析和挖掘、系統設計服務、價值鏈向研發設計、整體解決方案等高端領域拓展。從信息技術外包來看，排前列業務是：軟件研發及開發服務、軟件技術服務、集成電路和電子電路設計、電子商務平臺等領域。隨著信息技術外包領域的研發設計能力不斷提升，電子商務、服務型製造等新業態的發展，ITO 的價值鏈不斷拓展，並且向知識密集型和高附加值領域攀升。2017 年，中國 ITO 離岸執行金額為 364.2 億美元，其中，軟件研發服務外包執行金額為 243.4 億美元，占比為 66.8%[22]。

從業務流程外包看，隨著服務專業化分工的不斷深化，業務流程外包在人力資源、金融服務、供應鏈管理等外包領域表現出色，推動傳統企業向數字化、網絡化的業務流程、管理模式重構中發揮了重要作用，反應出中國服務外包人力資源的多樣性特徵能夠適應全球服務外包激烈的競爭。數字經濟產業的變革加速了流程再造和管理，讓專業服務需求不斷釋放出來。2017 年，中國 BPO 離岸執行金額為 129.3 億美元，其中，內部管理、業務營運、供應鏈管理三大項外包服務執行金額分別為 7 億美元、66.6 億美元、54.7 億美元，占比分別為 5.4%、51.4%、42.3%[23]。

從知識流程外包看，得益於研發創新全球化、新技術革命的蓬勃發展以及服務外包企業技術創新和服務模式創新能力的不斷增強，知識流程外包對於服

務外包的市場需求、業務成長和高端承接能力的積極作用，在工業設計、醫藥和生物技術研發、產品研發、工程技術、數據分析、知識產權研究等高技術領域發展較快，尤其是研發設計外包。2017 年，中國 KPO 離岸執行金額為 303.3 億美元，其中，商務服務、技術服務、研發服務三大領域外包執行金額分別為 19.4 億美元、190.3 億美元、91.1 億美元，占比分別為 6.4%、62.7%、30.0%[24]。

服務外包產業內部結構的進一步調整，加快了各國參與國際產業分工以及經濟結構調整的步伐。在中國經濟快速轉型升級的重要時期，開展服務外包對於推動產業結構轉型升級，加快建設現代產業體系，實現「中國服務」和「中國製造」的融合發展，具有非常重要的意義。

(一) 優化貿易結構

在「十二五」期間，服務外包作為中國外貿的不容忽視的新生力量，發展迅速。2011 年至 2015 年，全球貿易形勢嚴峻，中國貨物貿易出口增速大幅下降，年均增長率僅為 7.84%（2015 年同比下降 1.8%）。在貨物貿易出口放緩時期，中國的服務外包出口卻逆勢而起。從 2011 年到 2015 年，中國服務外包離岸合同執行額的年平均增長率為 36%，高出同期的貨物貿易出口年平均增長率（7.84%）28.16 個百分點，高出同期服務貿易出口年平均增長率（7.79%）28.21 個百分點[25]。

國際服務外包已經成為推動中國服務貿易發展的新引擎和新動能。離岸服務外包在服務貿易出口總額中所占比重越來越大，新興服務貿易通過服務外包方式出口占比達 70%，支撐起現代服務業的發展，標誌著中國貿易結構不斷的優化。2011 年，中國離岸服務外包合同執行金額達 238.3 億美元，占服務貿易出口總額（1,824 億美元）的 13.1%。2015 年，離岸服務外包合同執行金額增加到 646.4 億美元，是 2011 年的 2.7 倍，占同期服務貿易出口總額（2,882 億美元）的 22.4%，其比例增加 9.3 個百分點。從增速看，2017 年中國服務進出口總額同比增長 5.15%，低於當年離岸服務外包執行金額增長率 8 個百分點[26]。服務外包的快速增長構成了中國開放型經濟充滿活力的重要組成部分，對於貿易增長方式的轉變，推動現代服務業出口意義重大。

(二) 助推綠色共享

服務外包企業的核心資源是人才。服務外包企業主要投入在智力、硬件設備、辦公場地等方面，主要產出數字服務。服務外包推崇共享理念，在能源和土地方面消耗很小，低排放，幾乎零污染。它是綠色產業的代表，符合共享經濟的特徵。因此，在當下中國面臨著各種能源和資源短缺的情況下，大力發展

服務外包產業，對於各大城市或者產業園區而言，具有非常重要的意義，可以打造綠色生產方式，綠色生活方式和綠色消費方式，從而推動綠色發展。

通過新一代的信息技術以及綠色生產和服務方式，服務外包企業憑藉其相應的服務產品，幫助製造、消費、物流等實體行業提高其生產、控制、物流等環節的效率，從而實現資源的有效利用。服務外包為傳統產業提高生產效率，為企業實現轉型升級發揮了重要的作用。

目前，綠色發展觀的重要問題是如何防治水污染和大氣污染。服務外包企業通過系統建設、調試、運行和數據分析，為精確監測系統和污染預防提供數據服務，助力環境友好型社會建設。

（三）推進信息技術與製造業深度融合

2010年，中國的製造業總產值超過美國，一躍成為世界第一製造業大國，但是離製造業強國還有很大的差距。推動新一代信息技術與製造業的深度融合是中國從製造業大國走向製造業強國的必經之路。

服務外包以物聯、互聯網絡為接發包、交付的共享平臺，以 AI、數字技術等創新應用為主要驅動力，為製造業等實體經濟提供信息技術服務、數字服務業務，大大加快了信息技術與製造業深度的融合，成為實現製造業數字化、智能化轉型的新平臺。

綜上，服務外包可以為製造業轉型升級提供生產性服務。比如，在實踐中，虹信軟件為中海油、長虹集團、瀘州老窖等提供企業信息化及解決方案，可以看出服務外包在製造業轉型升級、推進製造業與服務業的融合發展並相互產生協同效應中發揮了重要作用。未來「中國製造2025」戰略的實施，將進一步推動服務外包企業和製造企業的深度合作，共同實現製造業企業的信息化、服務化、數字化、智能化轉型，並且激發製造業的新的增長潛能。

**註釋：**

［1］參考 Arndt（1998）、Deardorff（2001）以及 Jones（2000）等學者的H-O模型。

［2］內生增長理論（The Theory of Endogenous Growth）是產生於20世紀80年代中期的一個西方宏觀經濟理論分支，其核心思想是經濟能夠不依賴外力推動實現持續增長，內生的技術進步是保證經濟持續增長的決定因素。

［3］～［16］的數據來源來自中華人民共和國商務部網站。

［17］阿羅（1962）在文章《邊干邊學》中指出，企業在生產與學習的過

程中，由於生產更多的物質資本品而累積的更多知識，使下一代資本品所含的技術得以提高，由於技術的溢出效應，又使得所有勞動力和固定資產在生產最終產品時的效率都有所提高，即在生產中產生並嘗試解決問題的實踐將會極大促進生產的發展，這也就是干中學效應（Learning by doing）。

［18］～［19］的數據來源來自中華人民共和國商務部網站。

［20］20世紀90年代初，野中鬱次郎提出「創造知識的企業」這樣一個具有深遠影響的概念。在與竹內弘高合著的經典著作《創造知識的企業》中，他詳細剖析了日本企業新產品和新工藝開發的過程，提出了顯性知識和隱性知識之間的相互轉換形式，並且精闢地指出這種轉換形式將會形成「知識螺旋」運動，創造出源源不斷的知識。

［21］數據來源為國家知識產權局。

［22］～［26］的數據來源來自中華人民共和國商務部網站。

# 第四章　全球價值鏈分工下中國服務外包貿易利益的經驗研究

## 第一節　面板數據方法簡介

### 一、面板數據的概念

面板數據是截面上個體在不同時點的重複觀測數據。由於觀測值增加，面板數據提高了估計量的抽樣精度，研究人員可以獲得更多的動態信息，因此是目前計量分析中最常用的一種方法。面板數據（Panel Data）也稱作時間序列與截面混合數據（Pooled Time Series and Cross Section Data）。

面板數據分為兩種：①個體數少，時間長。②個體數多，時間短。面板數據主要指後一種情形。

面板數據用雙下標變量表示。

$$y_{it}, \quad i = 1, 2, \cdots, N;\ t = 1, 2, \cdots, T$$

$i$ 對應面板數據中不同個體。$N$ 表示面板數據中含有 $N$ 個個體。$t$ 對應面板數據中不同時點。$T$ 表示時間序列的最大長度。

利用面板數據建立模型的好處是：①由於觀測值的增多，可以增加估計量的抽樣精度。②對於固定效應迴歸模型能得到參數的一致估計量，甚至有效估計量。③面板數據建模比單截面數據建模可以獲得更多的動態信息。

用面板數據建立的模型通常有 3 種，即混合模型、固定效應模型和隨機效應模型。

（一）混合模型（Pooled Model）

如果一個面板數據模型定義為

$$y_{it} = \alpha + X_{it}'\beta + \varepsilon_{it}, \quad i = 1, 2, \cdots, N; t = 1, 2, \cdots, T \quad (4.1)$$

其中，$i$ 表示個體，$t$ 表示時間。$\alpha$ 是截距項，$X_{it}$ 是自變量，$\beta$ 是迴歸系數，用列向量表示，$y_{it}$ 是因變量，$\varepsilon_{it}$ 為隨機誤差項。混合迴歸模型的特點是無論對任何個體和截面，迴歸系數 $\alpha$ 和 $\beta$ 都相同。

如果模型是正確設定的，解釋變量與誤差項不相關，即 $Cov(X_{it}, \varepsilon_{it}) = 0$。那麼無論是 $N \to \infty$，還是 $T \to \infty$，模型參數的混合最小二乘估計量（Pooled OLS）都是一致估計量。

（二）固定效應模型（Fixed Effects Model）

固定效應模型分為 3 種類型，即個體固定效應模型、時點固定效應模型和個體時點雙固定效應模型。

1. 個體固定效應模型（Entity Fixed Effects Model）

如果一個面板數據模型定義為

$$y_{it} = \alpha_i + X_{it}'\beta + \varepsilon_{it}, \quad i = 1, 2, \cdots, N; t = 1, 2, \cdots, T \quad (4.2)$$

其中，$i$ 表示個體，$t$ 表示時間。$\alpha_i$ 是與 $i$ 個個體不同的截距項，$X_{it}$ 是自變量，$\beta$ 是迴歸系數，用列向量表示，$y_{it}$ 是因變量，$\varepsilon_{it}$ 為隨機誤差項。

2. 時點固定效應模型（Time Fixed Effects Model）

如果一個面板數據模型定義為

$$y_{it} = \gamma_t + X_{it}'\beta + \varepsilon_{it}, \quad i = 1, 2, \cdots, N; t = 1, 2, \cdots, T \quad (4.3)$$

其中，$i$ 表示個體，$t$ 表示時間。$\gamma_t$ 是與 $T$ 個截面不同的截距項，$X_{it}$ 是自變量，$\beta$ 是迴歸系數，用列向量表示，$y_{it}$ 是因變量，$\varepsilon_{it}$ 為隨機誤差項。

3. 個體時點固定效應模型

如果一個面板數據模型定義為

$$y_{it} = \alpha_0 + \alpha_i + \gamma_t + X_{it}'\beta + \varepsilon_{it}, \quad i = 1, 2, \cdots, N; t = 1, 2, \cdots, T \quad (4.4)$$

其中，$i$ 表示個體，$t$ 表示時間。$\alpha_i$ 是與 $i$ 個個體不同的截距項，$\gamma t$ 是與 $T$ 個截面不同的截距項，$X_{it}$ 是自變量，$\beta$ 是迴歸系數，用列向量表示，$y_{it}$ 是因變量，$\varepsilon_{it}$ 為隨機誤差項。

（三）隨機效應模型

如果一個面板數據模型定義為

$$y_{it} = \alpha_i + X_{it}'\beta + \varepsilon_{it}, \quad i = 1, 2, \cdots, N; t = 1, 2, \cdots, T \quad (4.4)$$

其中，$i$ 表示個體，$t$ 表示時間。$\alpha_i$ 是隨機變量，其分佈於 $X_{it}$ 無關，$X_{it}$ 是自變量，$\beta$ 是迴歸系數，用列向量表示，$y_{it}$ 是因變量，$\varepsilon_{it}$ 為隨機誤差項。

同理也可以定義時點隨機效應模型和個體時點隨機效應模型。

注意：術語「隨機效應模型」和「固定效應模型」用得並不十分恰當。

其實，固定效應模型應該稱之為「相關效應模型」，而隨機效應模型應該稱之為「非相關效應模型」。因為固定效應模型和隨機效應模型中的 $\alpha_i$ 都是隨機變量。

固定效應和隨機效應模型可以反應未觀察到的異質性。還有一個稱為變系數模型。該模型指的是個體成員存在個體差異和經濟結構變化，因此對於不同的個體模型的解釋變量系數隨著橫截面個體的變化而變化。

與變量截距模型類似，變系數模型也可以根據系數變化的不同形式分為固定效應變系數模型和隨機效應變系數模型。前者通常指似不相關迴歸（Seemingly Unrelated Regressions，SUR）模型，後者包括 Swamy 隨機系數模型和 Hsiao 模型等。

## 二、面板數據的運用

（一）模型形式設定

在面板數據模型中設置模型是一個關鍵問題。有些學者認為，當截面單位是總體所有單位，即截面單位之間的差異被看作迴歸系數的參數變動，應採用固定效應模型。當截面單位是抽取自大的總體，所抽樣本的個體差異被視為服從隨機分佈，應使用隨機效應模型。

當 N 很大時，固定效應模型將增加估計參數的數量，自由度損失很大，因此固定效應模型不如隨機效應模型有效，隨機效應模型更合適。另一方面，隨機效應需要假設解釋變量與個體效應無關，而固定效應模型沒有必要要求個體效應與解釋變量無關。如果不滿足此假設，則固定效應模型的參數數量估計仍然一致。在隨機效應模型中，如果不滿足該假設，則會導致內生性問題，反過來導致參數估計不一致。

總之，上述模型各有利弊、適用條件和範圍。在分析過程中，將根據分析目的合理、適當地選擇模型，按照以下提出的假設檢驗方法進行模型篩選。

在進行估算之前，需要選擇模型形式進行假設檢驗。依據 Hendry 的「一般到特殊」建模思維，如果個體效應（固定或隨機效應）顯著不為 0，那麼使用固定效果或隨機效果模型。

下面使用兩種檢驗方法，F 檢驗和 Hausman 檢驗。如果檢驗拒絕零假設，則認為應該選擇變截距模型用於迴歸。之後，對變截距模型的兩種形式進行選擇，一種是使用固定效應模型，另一種是使用隨機效應模型。篩選固定效應和隨機效應模型的基礎是檢驗固定效應 $\alpha_i$ 是否與其他解釋變量相關，$[Cov(\alpha_i, X_{it}) = 0]$。

Hausman 檢驗通常用於計量分析，以確定固定效應模型和隨機效應模型。檢驗的基本思想是，假設面板模型的誤差項滿足通常的假設，當在面板模型上同時執行離差變換 OLS 估計和可行 GLS 估計時，在原假設下，用 OLS 估計的固定效應模型和用 GLS 法估計的隨機效應模型所得的估計參數不會有系統的差異，因此可以基於參數估計的差異來構建 Wald 統計量。在給定的顯著水準，如果統計值 $|W|$ 大於臨界值，則表示個體效應 $\alpha_i$ 和解釋變量 $X_{it}$ 相關，則接受固定效應模型，反之亦然。

（二）模型估計方法

如果不同個體或不同截面之間沒有顯著性差異，則將時間和截面上 $NT$ 個觀測值放在一起，可以將其視為混合數據，並且通過 OLS 估計混合數據。如果個體或時間效應顯著不為 0，則需要使用固定效應或隨機效應模型估計方法。

如果面板模型的截距不同（對於不同的截面或時間），則模型的斜率系數是相同的，即固定效應模型。如果個體數 $N$ 不大，則可以通過向模型添加虛擬變量方法（LSDV）來估計固定效應模型的迴歸參數。當 $N$ 很大時，如果模型包含 $k$ 個解釋變量，則模型包含 $k+N$ 個估計參數，不僅迴歸自由度的損失更嚴重，而且過多的虛擬變量往往會導致共線性解釋變量。在計量分析中，使用特殊處理方法進行估算——離差變換（Within）OLS 估計。估計原理是首先通過使用每個變量減其組內均值，將數據轉換為平均值離差的觀察值，然後通過使用離差變換的數據來估計固定效應模型參數。離差變換的數據 OLS 估計的一個重要限制是它無法估計非時變迴歸變量的面板數據模型。

在短期面板條件下，對個體固定效應模型可採用一階差分估計（first differenced estimator）。假設建立隨機效應模型，計量分析中隨機效應模型的估計使用可行廣義最小二乘法（Feasible Generalized Least Squares，FGLS）。

（三）模型穩健性檢驗

為了避免模型估計中的「虛假迴歸問題」，研究人員應對每個變量進行單位根檢驗以確定其平穩性。普通意義上的時間序列單位根檢驗方法主要包括近年來廣泛使用的早期 DF 檢驗、ADF 檢驗、PP 檢驗和 KPSS 檢驗等。相對於時間序列，面板數據的平穩性檢驗則較少關注。隨著面板數據在經濟領域的應用，對面板數據單位根的檢查逐漸受到關注。但是，由於數據結構和面板數據本身的特性，如果將時間序列單位根檢驗方法應用於面板建模過程而不進行校正，則會導致錯誤的檢驗結果。所謂面板單位根檢驗是指將面板數據中的變量各橫截面序列作為一個整體進行單位根檢驗。根據數據的生成方式，面板數據

可分為兩種類型：同質面板和異質面板。

在同質面板數據中，所有個體具有相同的係數，即對所有的截面單位 i 均有 ρi＝ρ，而在異質面板數據中，確定數據生成的係數在不同截面中具有不同的係數。常用的幾種面板數據單元根檢驗也基於這兩種不同性質的面板數據分為兩類。

一類假設所有面板單位都包含共同的單位根，例如 Levin-Lin-Chu（LLC，2002），Breitung（2000）和 Hadri（LM）（1999），認為橫截面中存在同質單位根過程。另一種類型的檢驗放寬了同質性假設，允許不同橫截面單位的不同取值，例如 Im-Pesaran-Shin（IPS，2003），Fisher-ADF 和 Fisher-PP（Maddala 和 Wu，1999），認為各截面存在異質單位根過程。此外，當進行面板單位根檢驗時，Hadri 檢驗的原假設是沒有單位根，而其他五種檢驗的原假設都具有單位根。

## 第二節　經濟增長利益

### 一、理論框架

本書借鑒 Amiti 和 Wei（2004）[①] 模型，給定行業 i 的生產函數如下：

$$Y_i = A_i(oss_i, osm_i) F(L_i, K_i, M_i, S_i) \tag{4.6}$$

其中 $Y_i$ 為勞動 $L_i$、資本 $K_i$、原材料 $M_i$ 和服務投入 $S_i$ 的一個函數。技術轉移是關於服務外包 $oss_i$ 和原材料投入外包 $osm_i$ 的一個函數。外包至少可以通過四種途徑作用於生產率 $A_i$。具體如下：①靜態的效率收益：公司將生產階段中更低效率的部分外包出去，使得平均產出增加。②重組：公司通過服務外包，如計算機和信息服務，來進行提高科技含量的重組，剩下的工人將變得更有效率。③學習的外部性：公司通過服務外包，如進口一個新的軟件包，從而通過學習並改進運作方式來提高工人的平均產出。④多樣化效應：公司通過使用新的多樣化的材料或服務投入品，提高平均產出。（Ethier，2002）

如果固定產出 $Y_i$，令成本最小化，得到勞動需求方程如下：

$$L_i = g(w_i, r_i, q^m, q^s, Y_i) / A_i(oss_i, osm_i, it_i) \tag{4.7}$$

---

[①] AMITI F M, WEI S J. Fear of Service Outsourcing: Is It Justified? [J]. Economic Policy, 2005, 20 (42): 308-347.

這是一個關於工資 $w_i$、租金 $r_i$、材料投入品價格 $q^m$、服務投入品價格 $q^s$ 和產出 $Y_i$ 的函數。同樣，外包可以通過三種途徑作用於勞動需求。具體而言：①替代效應：如果勞動投入和服務投入之間是替代關係的話，服務外包價格的降低必然會讓公司減少勞動需求。②生產效應：如果外包可以改進生產，提高效率，則同樣才產出水準，勞動需求必然下降。③規模經濟：外包可以通過提高公司競爭力，帶來產出增加，而規模擴大會帶來勞動需求的增加。考慮規模效應，我們用利潤最大化水準的產出來代替，則勞動需求方程如下：

$$L_i = g(w_i, r_i, q^m, q^s, p_i, oss_i, osm_i)/A_i(oss_i, osm_i) \quad (4.8)$$

其中 $p_i$ 為最終產品的價格，它是一個關於要素價格的函數。可見，外包對於勞動需求既可能存在正效應，也可能存在負效應，這取決於正的規模效應是否會超過負的替代和生產效應。

## 二、實證分析

### （一）計量模型

根據上面的理論模型進一步構建計量方程。借鑒孟雪[1]（2012）的做法，為了全面考察中國作為承接方和發包方的貿易利益，將服務外包（接包）和反向服務外包（發包）同時作為核心解釋變量納入方程當中，得到服務外包影響經濟增長的方程為：

$$\ln Y_{it} = \lambda_0 + \lambda_1 OS_{it} + \lambda_2 ROS_{it} + \lambda_3 \ln L_{it} + \lambda_4 \ln K_{it} + \delta_{it} \quad (4.9)$$

其中，$\lambda_0$ 為截距項，被解釋變量中 $Y_{it}$ 表示 $i$ 行業在 $t$ 年的實際產出，核心解釋變量 $OS_{it}$ 和 $ROS_{it}$ 分別表示 $i$ 行業在 $t$ 年的對外接包和對外發包的規模，反應中國服務外包的參與度。$L_{it}$ 和 $K_{it}$ 分別表示 $i$ 行業在 $t$ 年的勞動投入和資本投入。$\delta_{it}$ 為隨機擾動項。

### （二）變量和數據

1. 被解釋變量 Y

為了研究服務外包的經濟增長利益，本書用產出作為經濟增長的代理變量。服務行業實際產出以分行業增加值表示。為了消除價格影響，對涉及價值的指標進行價格調整，對各服務行業增加值用第三產業增加值指數（以1978年作為基期）進行平減，得到實際各服務行業增加值。

2. 核心解釋變量 OS 和 ROS

呂延方（2011）提出了承接外包測度。中國 $i$ 行業的承接外包水準變量的測算方法是該行業向國外所有行業出口的中間品除以它的產出。中間品出口相

對於產出的比例越大，承接外包水準越高。在此基礎上，呂延方（2015）[①]進一步提出一個新指標——承接服務外包比率，計算公式如下：

$$off_i = \sum_{j=1}^{n} \exp_{ij} / oup_i \qquad (4.10)$$

即，承接服務外包比率（$off_i$）是出口中間服務與增加值的比值。

本書借鑑呂延方（2013）的做法，得到：

服務外包率 OS＝分行業服務貿易出口額/分行業增加值

反向服務外包率 ROS＝分行業服務貿易進口額/分行業增加值

分行業服務貿易數據來自世界貿易組織數據庫，分行業增加值數據從中國統計年鑑中獲取，這裡需要將兩個數據庫的行業做一個匹配，因為中國統計年鑑的數據採用的是國民經濟行業分類（GB/T 4754-2011）標準，與 WTO 數據庫的行業分類有較大的差異，在進行篩選後，剔除個人及政府服務，得到如下五個服務部門，如表4-1所示。分別是：運輸服務業、建築服務業、金融服務業、信息服務業、商業服務業。整理後的數據基本涵蓋物流外包、信息外包、金融外包、業務流程外包以及專業服務外包等領域。新的國際收支和國際投資頭寸手冊第六版（BPM6）已經啟用，本書擬採用上述數據，因新版本的統計數據從2005年開始，故本書選取2005—2013年的五個行業面板數據。

表4-1　行業分類整理

| 數據整理後類別 | WTO | 中國統計年鑑 |
|---|---|---|
| 運輸服務業 | 運輸 | 交通運輸、倉儲和郵政業 |
| 建築服務業 | 建築 | 建築業 |
| 金融服務業 | 保險、金融 | 金融業 |
| 信息服務業 | 通信、計算機、信息服務 | 信息傳輸、計算機服務和軟件業 |
| 商業服務業 | 維修、旅遊、知識產權使用費、其他商業服務 | 批發和零售業、住宿和餐飲業、房地產業、租賃和商務服務業科學研究、技術服務和地質勘查業、居民服務和其他服務業 |

註：分行業服務貿易額將通過當年的實際有效匯率折算成人民幣金額。匯率數據來源於中國統計年鑑「人民幣對美元匯率（美元=100）（元）」。

---

[①] 呂延方. 中國承接服務外包的驅動因素：基於2003—2013年行業面板數據的經驗研究[J]. 經濟管理，2015（7）：1-12.

3. 控制變量

（1）資本。實證研究中，一般用資本存量來作為資本投入的替代變量，但是對於資本存量的統計數據，在中國現有的國民核算體系中並沒有直接給出。因此，國內相關研究往往在一定的假設條件下重新估算各年的資本存量，有好幾種的計算方法，但主要集中在基期年的資本存量，固定資本投資價格指數，折舊率的選擇這三個方面。通過這三個指標計算出來的結果往往誤差較大，無論是基期年的資本存量初始數據難以獲得還是折舊率的選擇是否恰當都會影響到每一步的計算結果，導致最終結果失真。此外，使用資本存量這一替代變量有較大的局限性，對於某些服務行業而言資本存量很小，比如金融業和商務服務業，這些服務行業通常以固定資產投資的形式來反應資本投入。綜合考慮，本書根據服務外包行業的特點，借鑑張海洋[2]（2005）的做法，在實證分析中用固定資產投資來作為資本投入的替代變量，數據來自中國統計年鑑「按行業分全社會固定資產投資（億元）」並用「固定資產投資價格指數（以1990年作為基期）」把當年價折算成不變價。

（2）勞動。按行業分城鎮單位就業人員（萬人）作為勞動投入量。

（三）計量結果分析

1. 單位根檢驗

利用非平穩變量迴歸面板數據模型會扭曲解釋變量與因變量之間的相關性，所得到的參數估計將不再是有效的，會出現虛假迴歸。與常規時間序列單位根檢驗方法比較而言，面板數據因具有二維數據結構特點，單位根檢驗方法技術上更為複雜，難度更大。為了確保所構建模型設定得準確和估計參數的有效，對每一面板數據序列進行單位根檢驗是必要的。因此，本書採用 LLC 和 Fisher-PP 兩種方法檢驗面板數據平穩性，以期通過全面的面板數據單位根檢驗方法來加強檢驗結果的準確性。Levin, Lin & Chu（LLC）允許各截面存在同質單位根過程，即與此不同，Fisher-PP 允許在不同截面單位具有不同的值，即各截面含有異質單位根。LLC、Fisher-PP 的原假設為存在單位根。單位根檢驗結果如表4-2所示。

表4-2　各變量面板數據水準值單位根檢驗表

| 檢驗變量 | LLC | PP－Fisher |
| --- | --- | --- |
| lny | －0.039,98（0.484,1） | 1.474,23（0.998,7） |
| Δlny | －2.871,86（0.002,0） | 19.734,1（0.031,9） |
| os | －1.643,61（0.050,1） | 10.414,4（0.396,6） |

表4-2(續)

| 檢驗變量 | LLC | PP – Fisher |
|---|---|---|
| $\Delta os$ | −6.047,20 (0.000,0) | 25.406,5 (0.004,6) |
| $ros$ | −2.290,16 (0.011,0) | 8.460,60 (0.474,2) |
| $\Delta ros$ | −4.640,39 (0.000,0) | 18.768,1 (0.043,3) |
| $\ln l$ | 8.834,56 (1.000,0) | 1.096,18 (0.999,7) |
| $\Delta \ln l$ | −1.777,44 (0.037,7) | 19.079,9 (0.039,3) |
| $\ln k$ | −1.214,44 (0.112,3) | 7.238,58 (0.702,7) |
| $\Delta \ln k$ | −6.019,01 (0.000,0) | 31.811,0 (0.000,4) |

註：括號內為估計量的伴隨概率，LLC 檢驗為 common unit root 檢驗，PP – Fisher 檢驗為 individual unit root 檢驗，零假設為存在單位根。

2. 估計結果分析

依據前面介紹的模型估計方法，選擇模型形式進行假設檢驗，再估計不同面板模型的系數。參數估計和模型選擇思路是，分別對模型進行混合、固定效應和隨機效應估計，通過似然比檢驗拒絕了原假設，排除了混合模型。然後，在豪斯曼檢驗原假設 $E(\alpha_i/x_{it})=0$ 下，進一步判斷應選擇的模型是固定效應還是隨機效應。模型的豪斯曼統計量 Chi-Sq=3.87，P 值為 0.42，表明了豪斯曼統計量即使在 10% 水準上也不顯著，因此，本書接受原假設，認為隨機效應模型的估計結果比固定效應模型更優。迴歸結果如下：

表4-3 服務外包經濟增長利益的計量模型迴歸結果

| 模型類型 | 模型 |
|---|---|
| 混合/固定/隨機 | 個體+時點隨機 |
| 常數項 | 3.362,040*** (5.757,164) |
| 服務外包率 $os$ | 0.988,308* (1.663,700) |
| 反向服務外包率 $ros$ | −2.945,503*** (−2.985,014) |
| 勞動投入 $\ln l$ | 0.176,398** (2.379,538) |
| 資本投入 $\ln k$ | 0.318,755*** (8.220,374) |
| 似然比檢驗（F 值） | 73.115,563 |
| Hausman Test (Chi-Sq. 值) | 3.873,891 |
| 調整的 $R^2$ | 0.754,742 |
| F 統計量 | 34.850,80 |
| 觀測值 | 45 |

註：表中括號內為估計係數的 t 統計量；***、**、* 分別表示在 1%、5%、10% 顯著。

從模型可知，服務外包率係數為正，且在10%的水準上顯著，說明承接外包對於中國的經濟增長是有積極作用的。但是，反向外包率的係數為負，與預期相反，說明中國對外外包反而不利於中國經濟增長，係數結果顯示，反向外包率每增加1%，則中國服務部門產出不僅沒有提高，相反會降低0.03%。關於服務外包發包，官方沒有具體的統計數據，就目前而言，中國依然以承接服務外包為主，對於經濟增長的拉動效應還是起主要作用。而控制變量勞動投入和資本投入係數均為正，符合預期，勞動投入每增加1%，產出可以增加0.18%。資本投入每增加1%，產出增加0.32%。

3. 模型診斷檢驗

模型的擬合優度與顯著性水準等各項指標都符合要求。為保證迴歸結果的有效性和穩健性，對面板殘差序列進行了平穩性檢驗。本書繼續應用面板單位根檢驗的四種方法，進行面板殘差序列的平穩性檢驗。如表4-4所示，所估計的模型的面板殘差在1%水準上高度顯著，因此，本書估計結果具有一定的穩健性。

表 4-4　模型面板殘差的平穩性

|  | LLC | Fisher-PP |
| --- | --- | --- |
| $resid$ | -3.262,50（0.000,6） | 22.487,1（0.012,8） |

註：括號內為估計量的伴隨概率，LLC 檢驗為 common unit root 檢驗，PP - Fisher 檢驗為 individual unit root 檢驗，零假設為存在單位根。

## 第三節　就業擴張利益

### 一、理論框架

本書參照 Scholler（2006）[①] 的相關研究進行理論模型的構建。假設在規模報酬不變的條件下，一個企業的線性齊次生產函數 $F$ 為：

$$Y = F(L, \Omega) \tag{4.11}$$

令 $r_1 = L$，$r_2 = \Omega$，

---

[①] 魏浩，黃皓驄. 服務外包與國內就業：基於全球15個國家25個行業的實證分析 [J]. 國際貿易問題，2012（5）：64-73.

則 $\frac{\delta F}{\delta x_1} > 0$, $\frac{\delta^2 F}{\delta x_2^2} < 0$, $\frac{\delta^2 F}{\delta x_1 x_2} > 0$

這裡 $Y$ 代表產出，$L$ 表示同質的勞動投入，而變量 $\Omega$ 表示同質的其他投入，如資本、中間產品、服務及技術等。變量 $\Omega$ 和 $L$ 對生產的影響被視為可替代的。由同質性假設，把投入都乘上一個 $\lambda$（$\lambda = 2, 3, \cdots$），促使產出擴大了 $\lambda^r$ 倍。這裡 $r$ 是一個常數，且符號為正：

$$\lambda^r Y = F(\lambda L, \lambda \Omega) \quad (4.12)$$

再假設一個企業的利潤最大化函數為：

$$\pi = pF(L, \Omega) - wL - \omega\Omega \quad (4.13)$$

這裡，$p$ 代表商品的競爭價格，假設其等於 1；$w$ 表示外生的工資，$\omega$ 代表外生的其他投入的價格。在最優收益情況下的利潤最大化條件為：

$$F_L = \frac{\delta F}{\delta L} = \frac{w}{p} = w, \quad F_\Omega = \frac{\delta F}{\delta \Omega} = \frac{\omega}{p} = \omega$$

則可得：

$$\frac{F_L}{F_\Omega} = \frac{w}{\omega} \quad (4.14)$$

即邊際產品之比等於要素價格之比。

一個企業對勞動的需求基於其成本最小化條件。而成本是關於最優投入需求下的產出水準，以及這些投入的要素相對價格的函數：

$$C = C(w, \omega, Y), \quad \frac{\delta C}{\delta w} > 0, \quad \frac{\delta^2 C}{\delta w \delta \omega} > 0 \quad (4.15)$$

在利潤最大化條件下，勞動需求依賴於工資 $w$，而其他投入的需求依賴於要素價格 $\omega$，如資本的租金、進口原料、服務投入的價格等。根據謝潑德引理[3]可得以下需求函數：

$$L^* = C_w = \frac{\delta C(w, \omega, Y)}{\delta w}, \quad \Omega^* = C_\omega = \frac{\delta C(w, \omega, Y)}{\delta \omega}$$

即

$$\frac{L^*}{\Omega^*} = \frac{C_w}{C_\omega} \quad (4.16)$$

在產出不變的條件下，條件勞動需求為：

$$L^* = L^d(w, \omega, Y) \quad (4.17)$$

由於假設 $Y$ 是一個線性齊次生產函數，則有 $C(w, \omega, Y) = YC(w, \omega, 1)$。而其他投入 $\Omega$ 和勞動 $L$ 之間的替代彈性 $\delta$ 由要素價格的外生性變化而決定，即

$$\sigma = \frac{\delta \ln(\Omega/L)}{\delta \ln(w/\omega)} = \frac{\delta \ln(\Omega/L)}{\delta \ln(F_L/F_\Omega)} = \frac{F_L F_\Omega}{Y F_{L\Omega}} \quad (4.18)$$

由定義可知，$\delta$ 總是非負的（Allen，1938），如果勞動 $L$ 的要素價格相對於其他投入 $\Omega$ 的要素價格上升，即 $w/\omega$ 的值上升，則勞動投入將被其他投入所替代。在 $Y$ 恒定的條件下，要素需求彈性為：

$$\eta_{LL} = -(1-m)\delta < 0 \qquad (4.19)$$

$$\eta_{L\Omega} = -(1-m)\sigma < 0 \qquad (4.20)$$

這裡 $\eta_{LL}$ 表示勞動的需求價格彈性，$\eta_{L\Omega}$ 表示勞動與其他投入的交叉價格彈性，$m$ 表示勞動在所有投入中所占的份額。

等式（4.19）和（4.20）是要素需求理論的兩個基本結論。由此可知，工資 $w$ 的上漲會導致勞動需求 $L$ 下降；而其他投入的要素價格 $\omega$ 上升則會增大勞動需求。條件需求方程（4.17）可以衍生為對數形式的線性迴歸方程：

$$\ln L_{it} = \lambda_0 + \lambda_1 \ln \omega_{it} + \lambda_2 \ln w_{it} + \lambda_3 \ln Y_{it} \qquad (4.21)$$

通過已有文獻可知，服務外包對就業的影響主要通過三個渠道：①替代效應：如果勞動投入和服務投入之間是替代關係的話，服務外包價格的降低必然會讓公司減少勞動需求。②生產效應：如果外包可以改進生產，提高效率，則同樣才產出水準，勞動需求必然下降。③規模經濟：外包可以通過提高公司競爭力，帶來產出增加，而規模擴大會帶來勞動需求的增加（Amiti 和 Wei，2004）。總的影響效應是由這三種效應共同作用的結果。

## 二、實證分析

### （一）計量模型

根據上面的理論模型進一步構建計量方程。根據方程（4.21），用之前構建的分行業服務外包率 $OS_{it}$ 和分行業反向服務外包率 $ROS_{it}$ 替代 $\omega_{it}$，表示影響勞動的其中一種其他投入，因此，某行業的勞動需求 $L$ 是一個關於服務外包 $OS$ 和對外發包 $ROS$、工資 $w$、產出 $Y$ 的函數，由此得出服務外包對就業量產生影響的計量方程為：

$$\ln L_{it} = \lambda_0 + \lambda_1 \ln OS_{it} + \lambda_2 \ln ROS_{it} + \lambda_3 \ln w_{it} + \lambda_4 \ln Y_{it} + \theta_t + \mu_i + \delta_{it} \qquad (4.22)$$

其中，$\lambda_0$ 為截距項，被解釋變量中 $L_{it}$ 表示 $i$ 行業在 $t$ 年的勞動就業量，$w_{it}$ 和 $Y_{it}$ 分別表示 $i$ 行業在 $t$ 年的工資率和實際產出。$\theta_t$ 為不隨行業變化的時間固定效應，用來控制不同時間年份的差異；$\mu_i$ 為不隨時間變化的行業固定效應，用來控制不同行業的差異；$\delta_{it}$ 為隨機擾動項。

### （二）變量和數據

1. 被解釋變量 $L$

按分行業城鎮單位就業人員（萬人）作為勞動投入量。

2. 核心解釋變量 OS 和 ROS

呂延方（2011）提出了承接外包測度。中國 $i$ 行業的承接外包水準變量的測算方法是該行業向國外所有行業出口的中間品除以它的產出。中間品出口相對於產出的比例越大，承接外包水準越高。在此基礎上，呂延方（2013）進一步提出一個新指標——承接服務外包比率，計算公式如下：

$$\text{off}_i = \sum_{j=1}^{n} \exp_{ij}/oup_i \qquad (4.23)$$

即，承接服務外包比率（$\text{off}_i$）是出口中間服務與增加值的比值。

本書借鑑呂延方（2013）的做法，得到：

服務外包率 OS = 分行業服務貿易出口額/分行業增加值

反向服務外包率 ROS = 分行業服務貿易進口額/分行業增加值

分行業服務貿易數據來自世界貿易組織數據庫，分行業增加值數據從中國統計年鑒中獲取，這裡需要將兩個數據庫的行業做一個匹配，因為中國統計年鑒的數據採用的是國民經濟行業分類（GB/T 4754-2011）標準，與 WTO 數據庫的行業分類有較大的差異，在進行篩選後，剔除個人及政府服務，得到如下五個服務部門。分別是：運輸服務業、建築服務業、金融服務業、信息服務業、商業服務業。整理後的數據基本涵蓋物流外包、信息外包、金融外包、業務流程外包以及專業服務外包等領域。新的國際收支和國際投資頭寸手冊第六版（BPM6）已經啟用，本書擬採用上述數據，因新版本的統計數據從 2005 年開始，故本書選取 2005—2013 年的五個行業面板數據，如表 4-5 所示。

表 4-5　行業分類整理

| 數據整理後類別 | WTO | 中國統計年鑒 |
| --- | --- | --- |
| 運輸服務業 | 運輸 | 交通運輸、倉儲和郵政業 |
| 建築服務業 | 建築 | 建築業 |
| 金融服務業 | 保險、金融 | 金融業 |
| 信息服務業 | 通信、計算機、信息服務 | 信息傳輸、計算機服務和軟件業 |
| 商業服務業 | 維修、旅遊、知識產權使用費、其他商業服務 | 批發和零售業、住宿和餐飲業、房地產業、租賃和商務服務業科學研究、技術服務和地質勘查業、居民服務和其他服務業 |

註：分行業服務貿易額將通過當年的實際有效匯率折算成人民幣金額。匯率數據來源於中國統計年鑒「人民幣對美元匯率（美元=100）（元）」。

3. 控制變量

（1）產出 Y：為了研究服務外包的經濟增長利益，本書用產出作為經濟增長的代理變量。主要服務行業實際產出以分行業增加值表示。為了消除價格影響，對涉及價值的指標進行價格調整，對各服務行業增加值用第三產業增加值指數（以 1978 年作為基期）進行平減，得到實際各服務行業增加值。

（2）工資率 w：數據來自中國統計年鑒城鎮單位就業人員平均工資（元），對工資率水準，工業生產者出廠價格指數（以 1985 年作為基期）對工資進行平減計算所得。

（三）計量結果分析

1. 單位根檢驗

利用非平穩變量迴歸面板數據模型會扭曲解釋變量與因變量之間的相關性，所得到的參數估計將不再是有效的，會出現虛假迴歸。與常規時間序列單位根檢驗方法比較而言，面板數據因具有二維數據結構特點，單位根檢驗方法技術上更為複雜，難度更大。為了確保所構建模型設定的準確和估計參數的有效，對每一面板數據序列進行單位根檢驗是必要的。因此，本書採用 LLC 和 Fisher-PP 兩種方法檢驗面板數據平穩性，以期通過全面的面板數據單位根檢驗方法來加強檢驗結果的準確性。Levin，Lin & Chu（LLC）允許各截面存在同質單位根過程，即與此不同，Fisher-PP 允許在不同截面單位具有不同的值，即各截面含有異質單位根。LLC、Fisher-PP 的原假設為存在單位根。單位根檢驗結果如表 4-6 所示。

表 4-6　各變量面板數據水準值單位根檢驗表

| 檢驗變量 | LLC | PP - Fisher |
| --- | --- | --- |
| $\ln l$ | 8.834,56（1.000,0） | 1.096,18（0.999,7） |
| $\sigma \ln l$ | -1.777,44（0.037,7） | 19.079,9（0.039,3） |
| $\ln os$ | -4.315,30（0.000,0） | 16.494,6（0.083,8） |
| $\sigma \ln os$ | -6.979,89（0.000,0） | 35.676,2（0.000,1） |
| $\ln ros$ | -3.729,45（0.000,1） | 3.804,61（0.955,7） |
| $\sigma \ln ros$ | -5.489,58（0.000,0） | 37.789,0（0.000,0） |
| $\ln w$ | -5.435,40（0.000,0） | 47.780,8（0.000,0） |
| $\ln y$ | -0.039,98（0.484,1） | 1.474,23（0.998,7） |
| $\sigma \ln y$ | -2.871,86（0.002,0） | 19.734,1（0.031,9） |

註：括號內為估計量的伴隨概率，LLC 檢驗為 common unit root 檢驗，PP - Fisher 檢驗為 individual unit root 檢驗，零假設為存在單位根。

2. 估計結果分析

依據前面介紹的模型估計方法，選擇模型形式進行假設檢驗，再估計不同面板模型的係數。參數估計和模型選擇思路是，分別對模型進行混合、固定效應和隨機效應估計，通過似然比檢驗拒絕了原假設，排除了混合模型。然後，在豪斯曼檢驗（Hausman test）下，最終選擇固定效應模型。迴歸結果如表4-7所示。

表4-7　服務外包就業擴張利益計量模型迴歸結果

| 變量 | 模型 |
| --- | --- |
| 混合/固定/隨機 | 個體隨機，時點固定 |
| 常數項 | 12.269,03*** （2.869,576） |
| 服務外包率 lnos | 0.063,685 （0.819,330） |
| 反向服務外包率 lnros | −0.357,057*** （−3.427,183） |
| 工資 lnw | −0.705,372 （−1.147,018） |
| 產出 lny | −0.040,491 （−0.155,734） |
| 似然比檢驗（F值） | 41.249,564 |
| Hausman Test（Chi-Sq. 值） | 10.033,850 |
| 調整的 $R^2$ | 0.983,132 |
| 觀測值 | 45 |

註：表中括號內為估計係數的t統計量；***、**、*分別表示在1%、5%、10%顯著。

從結果可知，因變量 lnos、lnw 和 lny 迴歸係數不顯著，且 lny 迴歸係數的符號與預期不符。為了得到更好的迴歸結果，將 lnos 與 lny 這兩個因變量剔除掉，重新得到迴歸結果如表4-8所示。

表4-8　修正後的服務外包就業擴張利益計量模型迴歸結果

| 變量 | 模型 |
| --- | --- |
| 混合/固定/隨機 | 個體隨機，時點固定 |
| 常數項 | 13.969,57*** （4.481,685） |
| 反向服務外包率 lnros | −0.333,518*** （−3.818,412） |
| 工資 lnw | −0.938,495** （−2.631,114） |
| 似然比檢驗（F值） | 198.397,864 |
| Hausman Test（Chi-Sq. 值） | 2.355,757 |

表4-8(續)

| 變量 | 模型 |
|---|---|
| 調整的 $R^2$ | 0.798,431 |
| 觀測值 | 45 |

註：表中括號內為估計係數的 t 統計量；***、**、*分別表示在1%、5%、10%顯著。

從迴歸結果可知，反向服務外包率的係數為負，說明反向服務外包率每提高1%，則就業人數就會下降0.33%，與預期相符。進一步證明了，關於發達國家服務外包和就業之間關係的研究，發達國家將某些服務環節外包出去，不利於本土就業率的提升。同時工資率的係數也為負，說明工資率每提高1%，就業人數則會下降0.94%，這個也符合菲利普斯曲線的原理。總體而言，我們可以判斷，反向服務外包，即對外發包會對中國就業產生一些負面影響。遺憾的是，受數據選取所限，從我們的模型中無法驗證承接外包是否對中國就業產生影響。

3. 模型診斷檢驗

模型的擬合優度與顯著性水準等各項指標都符合要求。為保證迴歸結果的有效性和穩健性，對面板殘差序列進行了平穩性檢驗。本書繼續應用面板單位根檢驗的四種方法，進行面板殘差序列的平穩性檢驗。如表4-9所示，所估計的模型的面板殘差在5%水準上高度顯著，因此，本書估計結果具有一定的穩健性。

表4-9 模型面板殘差的平穩性

| 項目 | LLC | Fisher-PP |
|---|---|---|
| resid | -3.452,7（0.000,3） | 20.172,6（0.027,7） |

註：括號內為估計量的伴隨概率，LLC檢驗為common unit root檢驗，PP‐Fisher檢驗為individual unit root檢驗，零假設為存在單位根。

# 第四節　技術進步利益

## 一、理論框架

我們根據Gorg等（2007）[4]的方法，假設行業 $i$ 的生產函數為C-D生產函數形式，即

$$Y_{it} = A_{it}(OUT_{it})F(K_{it}, L_{it}) \qquad (4.24)$$

下標 $i$ 表示行業，$t$ 表示時間。$Y$ 為產出，它是物質資本投入 $K$ 和勞動力投入 $L$ 的函數，$A$ 表示生產率係數或者技術水準。根據本書第三章的理論分析，服務外包可以通過比較優勢效應、重組效應、進口的技術溢出效應、學習的外部性和多樣化效應等途徑使得勞動生產率發生變化。我們對生產函數取自然對數，加入誤差項，並用勞動生產率 LPR 代替產出 $Y$，得到迴歸模型

$$\ln LPR_{it} = \lambda_0 + \lambda_1 OUT_{it} + \lambda_2 \ln K_{it} + \lambda_3 \ln L_{it} + \delta_{it} \qquad (4.25)$$

## 二、實證分析

### (一) 計量模型

根據上面的理論模型進一步構建計量方程。根據方程（4.25），用之前構建的分行業服務外包率 $OS_{it}$ 和分行業反向服務外包率 $ROS_{it}$ 替代 $OUT_{it}$。因此，某行業的勞動生產率 LPR 是一個關於服務外包 $OS$ 和對外發包 $ROS$、勞動 $L$、資本 $K$ 的函數，得出服務外包對技術進步產生影響的計量方程為：

$$\ln LPR_{it} = \lambda_0 + \lambda_1 OS_{it} + \lambda_2 ROS_{it} + \lambda_3 \ln L_{it} + \lambda_4 \ln K_{it} + \theta_t + \mu_i + \delta_{it} \qquad (4.26)$$

其中，$\lambda_0$ 為截距項，被解釋變量 $LPR_{it}$ 表示 $i$ 行業的勞動生產率，用以衡量技術進步水準。解釋變量 $L_{it}$ 表示 $i$ 行業在 $t$ 年的勞動就業量，$K_{it}$ 表示 $i$ 行業在 $t$ 年的資本投入量。$\theta_t$ 為不隨行業變化的時間固定效應，用來控制不同時間年份的差異；$\mu_i$ 為不隨時間變化的行業固定效應，用來控制不同行業的差異；$\delta_{it}$ 為隨機擾動項。

### (二) 變量和數據

1. 被解釋變量

勞動生產率（LPR）。本書定義這一變量為某行業單位時間內一個勞動者創造的增加值（單位：元/人）。呂延方（2011）提出，因統計資料收集的局限性，難以獲取各部門實際勞動時間，但是，可以假設「各部門勞動者均有等同的平均作業時間」。按照這一假設，本書以就業人數/增加值，即單位勞動者的行業增加值作為勞動生產率的代理變量[5]。根據統計年鑒，按分行業城鎮單位就業人員年底數（單位：萬人）作為分母，分子為前面計算的各行業當年不變價增加值。

2. 核心解釋變量 OS 和 ROS

呂延方（2011）提出了承接外包測度。中國 $i$ 行業的承接外包水準變量的測算方法是該行業向國外所有行業出口的中間品除以它的產出。中間品出口相對於產出的比例越大，承接外包水準越高。在此基礎上，呂延方（2013）進

一步提出一個新指標——承接服務外包比率，計算公式如下：

$$off_i = \sum_{j=1}^{n} \exp_{ij}/oup_i \qquad (4.27)$$

即承接服務外包比率（$off_i$）是出口中間服務與增加值的比值。

本書借鑑呂延方（2013）的做法，得到：

服務外包率 $OS$ = 分行業服務貿易出口額/分行業增加值

反向服務外包率 $ROS$ = 分行業服務貿易進口額/分行業增加值

分行業服務貿易數據來自世界貿易組織數據庫，分行業增加值數據從中國統計年鑑中獲取，這裡需要將兩個數據庫的行業做一個匹配，因為中國統計年鑑的數據採用的是國民經濟行業分類（GB/T 4754-2011）標準，與WTO數據庫的行業分類有較大的差異，在進行篩選後，剔除個人及政府服務，得到如下五個服務部門。分別是：運輸服務業、建築服務業、金融服務業、信息服務業、商業服務業。整理後的數據基本涵蓋物流外包、信息外包、金融外包、業務流程外包以及專業服務外包等領域。新的國際收支和國際投資頭寸手冊第六版（BPM6）已經啟用，本書擬採用上述數據，因新版本的統計數據從2005年開始，故本書選取2005—2013年的五個行業面板數據，如表4-10所示。

表4-10　行業分類整理

| 數據整理後類別 | WTO | 中國統計年鑑 |
| --- | --- | --- |
| 運輸服務業 | 運輸 | 交通運輸、倉儲和郵政業 |
| 建築服務業 | 建築 | 建築業 |
| 金融服務業 | 保險、金融 | 金融業 |
| 信息服務業 | 通信、計算機、信息服務 | 信息傳輸、計算機服務和軟件業 |
| 商業服務業 | 維修、旅遊、知識產權使用費、其他商業服務 | 批發和零售業、住宿和餐飲業、房地產業、租賃和商務服務業科學研究、技術服務和地質勘查業、居民服務和其他服務業 |

註：分行業服務貿易額將通過當年的實際有效匯率折算成人民幣金額。匯率數據來源於中國統計年鑑「人民幣對美元匯率（美元=100）（元）」。

3. 控制變量

（1）資本。實證研究中，一般用資本存量來作為資本投入的替代變量，但是對於資本存量的統計數據，在中國現有的國民核算體系中並沒有直接給出。因此，國內相關研究往往在一定的假設條件下重新估算各年的資本存量，

有好幾種的計算方法，但主要集中在基期年的資本存量，固定資本投資價格指數，折舊率的選擇這三個方面。通過這三個指標計算出來的結果往往誤差較大，無論是基期年的資本存量初始數據難以獲得還是折舊率的選擇是否恰當都會影響到每一步的計算結果，導致最終結果失真。此外，使用資本存量這一替代變量有較大的局限性，對於某些服務行業而言，資本存量很小，比如金融業和商務服務業，這些服務行業通常以固定資產投資的形式來反應資本投入。綜合考慮，本書根據服務外包行業的特點，借鑑張海洋（2005）的做法，在實證分析中用固定資產投資來作為資本投入的替代變量，數據來自中國統計年鑒「按行業分全社會固定資產投資（億元）」並用「固定資產投資價格指數（以1990年作為基期）」把當年價折算成不變價。

（2）勞動。按分行業城鎮單位就業人員（萬人）作為勞動投入量。

(三) 計量和檢驗結果

1. 單位根檢驗

利用非平穩變量迴歸面板數據模型會扭曲解釋變量與因變量之間的相關性，所得到的參數估計將不再是有效的，會出現虛假迴歸。與常規時間序列單位根檢驗方法比較而言，面板數據因具有二維數據結構特點，在單位根檢驗方法技術上更為複雜，難度更大。為了確保所構建模型設定得準確和估計參數的有效，對每一面板數據序列進行單位根檢驗是必要的。因此，本書採用LLC和Fisher-PP兩種方法檢驗面板數據的平穩性，以期通過全面的面板數據單位根檢驗方法來加強檢驗結果的準確性。Levin, Lin & Chu（LLC）允許各截面存在同質單位根過程，即與此不同，Fisher-PP允許在不同截面單位具有不同的值，即各截面含有異質單位根。LLC、Fisher-PP的原假設為存在單位根。單位根檢驗結果如表4-11所示。

表4-11 各變量面板數據水準值單位根檢驗表

| 檢驗變量 | LLC | PP－Fisher |
| --- | --- | --- |
| $\ln LPR$ | 1.419,25（0.922,1） | 6.115,85（0.805,4） |
| $\Delta LPR$ | -5.086,94（0.000,0） | 23.730,1（0.008,3） |
| $os$ | -1.643,61（0.050,1） | 10.414,4（0.396,6） |
| $\Delta os$ | -6.047,20（0.000,0） | 25.406,5（0.004,6） |
| $ros$ | -2.290,16（0.011,0） | 8.460,60（0.474,2） |
| $\Delta ros$ | -4.640,39（0.000,0） | 18.768,1（0.043,3） |
| $\ln l$ | 8.834,56（1.000,0） | 1.096,18（0.999,7） |

表4-11(續)

| 檢驗變量 | LLC | PP – Fisher |
|---|---|---|
| $\Delta\ln l$ | -1.777,44 (0.037,7) | 19.079,9 (0.039,3) |
| $\ln k$ | -1.214,44 (0.112,3) | 7.238,58 (0.702,7) |
| $\Delta\ln k$ | -6.019,01 (0.000,0) | 31.811,0 (0.000,4) |

註：括號內為估計量的伴隨概率，LLC檢驗為common unit root檢驗，PP – Fisher檢驗為individual unit root檢驗；零假設為存在單位根。

2. 估計結果分析

依據前面介紹的模型估計方法，選擇模型形式進行假設檢驗，再估計不同面板模型的係數。參數估計和模型選擇思路是，分別對模型進行混合、固定效應和隨機效應估計，通過似然比檢驗拒絕了原假設，排除了混合模型。然後，在豪斯曼檢驗原假設 $E(\alpha_i \setminus x_{it}) = 0$ 下，進一步判斷應選擇的模型是固定效應還是隨機效應。表明了豪斯曼統計量即使在10%水準上也不顯著，因此，本書接受原假設，認為隨機效應模型的估計結果比固定效應模型更優。迴歸結果如表4-12所示。

表4-12 服務外包技術進步利益計量模型迴歸結果

| 項目 | 模型 |
|---|---|
| 混合/固定/隨機 | 個體+時點隨機 |
| 常數項 | 3.362,040*** (5.757,164) |
| 服務外包率 os | 0.988,308* (1.663,700) |
| 反向服務外包率 ros | -2.945,503*** (-2.985,014) |
| 勞動投入 $\ln l$ | -0.823,602*** (-11.110,03) |
| 資本投入 $\ln k$ | 0.318,755*** (8.220,374) |
| 極大似然比檢驗（F值） | 73.115,563 |
| Hausman Test（Chi-Sq. 值） | 3.873,891 |
| 調整的 $R^2$ | 0.822,886 |
| 觀測值 | 45 |

註：表中括號內為估計係數的t統計量；***、**、*分別表示在1%、5%、10%顯著。

從模型可知，服務外包率係數為正，且在10%的水準上顯著，說明承接外包對於中國服務業生產率的提高是有積極作用的。服務外包率每增加1%，則中國服務部門勞動生產率提高0.009,9%，但是，反向外包率的係數為負，與

預期相反，說明中國對外外包反而不利於中國勞動生產率提高，系數結果顯示，反向外包率每增加1%，則中國服務部門勞動生產率不僅沒有提高，相反會降低0.029,5%。而控制變量勞動投入係數為負，說明增加勞動投入不利於提高勞動生產率，而資本投入的係數為正，說明增加資本投入，有利於提高勞動生產率。

3. 模型診斷檢驗

模型的擬合優度與顯著性水準等各項指標都符合要求。為保證迴歸結果有效性和穩健性，對面板殘差序列進行了平穩性檢驗。本書繼續應用面板單位根檢驗的四種方法，進行面板殘差序列的平穩性檢驗。如表4-13所示，所估計的模型的面板殘差在1%水準上高度顯著，因此，本書估計結果具有一定的穩健性。

表 4-13　模型面板殘差的平穩性

| 項目 | LLC | Fisher-PP |
| --- | --- | --- |
| resid | -3.262,50（0.000,6） | 22.487,1（0.012,8） |

註：括號內為估計量的伴隨概率，LLC檢驗為common unit root檢驗，PP-Fisher檢驗為individual unit root檢驗；零假設為存在單位根。

# 第五節　產業升級利益

## 一、理論框架

我們根據Gorg等（2007）的方法，假設行業$i$的生產函數為C-D生產函數形式，即

$$Y_{it} = A_{it}(OUT_{it}) F(K_{it}, L_{it}) \tag{4.28}$$

下標$i$表示行業，$t$表示時間。$Y$為產出，它是物質資本投入$K$和勞動力投入$L$的函數，$A$表示生產率係數或者技術水準。根據本書第三章的理論分析，離岸服務外包可以通過技術溢出效應、吸納就業效應、資本累積效應等途徑使得產業結構發生變化。我們對生產函數取自然對數，加入誤差項，並用產業結構升級$IU$代替產出$Y$，得到迴歸模型：

$$\ln IU_{it} = \lambda_0 + \lambda_1 OUT_{it} + \lambda_2 \ln K_{it} + \lambda_3 \ln L_{it} + \delta_{it} \tag{4.29}$$

## 二、實證分析

### (一) 計量模型

根據上面的理論模型進一步構建計量方程。根據方程 (4.29),用之前構建的分行業服務外包率 $OS_{it}$ 和分行業反向服務外包率 $ROS_{it}$ 替代 $OUT_{it}$。因此,某行業的產業升級 $IU$ 是一個關於服務外包 $OS$ 和對外發包 $ROS$、勞動 $L$、資本 $K$ 的函數,得出服務外包對產業升級產生影響的計量方程為:

$$\ln IU_{it} = \lambda_0 + \lambda_1 OS_{it} + \lambda_2 ROS_{it} + \lambda_3 \ln L_{it} + \lambda_4 \ln K_{it} + \theta_t + \mu_i + \delta_{it} \quad (4.30)$$

其中,$\lambda_0$ 為截距項,被解釋變量 $IU_{it}$ 表示 $i$ 行業的增加值占 GDP 比重,用以衡量產業升級。解釋變量 $L_{it}$ 表示 $i$ 行業在 $t$ 年的勞動就業量,$K_{it}$ 表示 $i$ 行業在 $t$ 年的資本投入量。$\theta_t$ 為不隨行業變化的時間固定效應,用來控制不同時間年份的差異;$\mu_i$ 為不隨時間變化的行業固定效應,用來控制不同行業的差異;$\delta_{it}$ 為隨機擾動項。

### (二) 變量和數據

1. 被解釋變量 $IU_{it}$

由於在資本深化過程中,服務業資本勞動比相對較大,是產業升級的重要途徑,所以服務業比重的變化能夠反應服務業升級過程。服務業比重可以用服務業分行業增加值占 GDP 的比重來度量 (錢水土,2011)。

2. 核心解釋變量 OS 和 ROS

呂延方 (2011) 提出了承接外包測度。中國 $i$ 行業的承接外包水準變量的測算方法是該行業向國外所有行業出口的中間品除以它的產出。中間品出口相對於產出的比例越大,承接外包水準越高。在此基礎上,呂延方 (2013) 進一步提出一個新指標——承接服務外包比率,計算公式如下:

$$off_i = \sum_{j=1}^{n} \exp_{ij}/oup_i \quad (4.31)$$

即承接服務外包比率 ($off_i$) 是出口中間服務與增加值的比值。

本書借鑑呂延方 (2013) 的做法,得到:

服務外包率 $OS$ = 分行業服務貿易出口額/分行業增加值

反向服務外包率 $ROS$ = 分行業服務貿易進口額/分行業增加值

分行業服務貿易數據來自世界貿易組織數據庫,分行業增加值數據從中國統計年鑑中獲取,這裡需要將兩個數據庫的行業做一個匹配,因為中國統計年鑑的數據採用的是國民經濟行業分類 (GB/T 4754-2011) 標準,與 WTO 數據庫的行業分類有較大的差異,在進行篩選後,剔除個人及政府服務,得到如下

五個服務部門。分別是：運輸服務業、建築服務業、金融服務業、信息服務業、商業服務業，如表4-14所示。整理後的數據基本涵蓋物流外包、信息外包、金融外包、業務流程外包以及專業服務外包等領域。新的國際收支和國際投資頭寸手冊第六版（BPM6）已經啟用，本書擬採用上述數據，因新版本的統計數據從2005年開始，故本書選取2005—2013年的五個行業面板數據。

表4-14 行業分類整理

| 數據整理後類別 | WTO | 中國統計年鑒 |
| --- | --- | --- |
| 運輸服務業 | 運輸 | 交通運輸、倉儲和郵政業 |
| 建築服務業 | 建築 | 建築業 |
| 金融服務業 | 保險、金融 | 金融業 |
| 信息服務業 | 通信、計算機、信息服務 | 信息傳輸、計算機服務和軟件業 |
| 商業服務業 | 維修、旅遊、知識產權使用費、其他商業服務 | 批發和零售業、住宿和餐飲業、房地產業、租賃和商務服務業科學研究、技術服務和地質勘查業、居民服務和其他服務業 |

註：分行業服務貿易額將通過當年的實際有效匯率折算成人民幣金額。匯率數據來源於中國統計年鑒「人民幣對美元匯率（美元＝100）（元）」。

3. 控制變量

（1）資本投入。

實證研究中，一般用資本存量來作為資本投入的替代變量，但是對於資本存量的統計數據，在中國現有的國民核算體系中並沒有直接給出。因此，國內相關研究往往會在一定的假設條件下重新估算各年的資本存量，有好幾種的計算方法，但主要集中在基期年的資本存量、固定資本投資價格指數、折舊率的選擇這三個方面。通過這三個指標計算出來的結果往往誤差較大，無論是基期年的資本存量初始數據難以獲得還是折舊率的選擇是否恰當都會影響到每一步的計算結果，導致最終結果失真。此外，使用資本存量這一替代變量有較大的局限性，對於某些服務行業而言，其資本存量很小，比如金融業和商務服務業，這些服務行業通常以固定資產投資的形式來反應資本投入。綜合考慮，本書根據服務外包行業的特點，借鑒張海洋（2005）的做法，在實證分析中用固定資產投資來作為資本投入的替代變量，數據來自中國統計年鑒「按行業分全社會固定資產投資（億元）」並用「固定資產投資價格指數（以1990年作為基期）」把當年價折算成不變價。

（2）勞動投入

勞動投入是生產經營活動的勞動力投入，按行業分城鎮單位就業人員（萬人）作為勞動投入量來度量。

（三）計量和檢驗結果

1. 單位根檢驗

利用非平穩變量迴歸面板數據模型會扭曲解釋變量與因變量之間的相關性，所得到的參數估計將不再是有效的，會出現虛假迴歸。與常規時間序列單位根檢驗方法比較而言，面板數據因具有二維數據結構特點，單位根檢驗方法技術上更為複雜，難度更大。為了確保所構建模型設定得準確和估計參數的有效，對每一面板數據序列進行單位根檢驗是必要的。因此，本書採用 LLC 和 Fisher-PP 兩種方法檢驗面板數據平穩性，以期通過全面的面板數據單位根檢驗方法來加強檢驗結果的準確性。Levin, Lin & Chu（LLC）允許各截面存在同質單位根過程，即與此不同，Fisher-PP 允許在不同截面單位具有不同的值，即各截面含有異質單位根。LLC、Fisher-PP 的原假設為存在單位根。單位根檢驗結果如表 4-15 所示。

表 4-15　各變量面板數據水準值單位根檢驗表

| 檢驗變量 | LLC | PP − Fisher |
|---|---|---|
| $\ln IU$ | −9.284,57（0.000,0） | 12.699,4（0.241,0） |
| $\Delta \ln IU$ | −3.043,28（0.001,2） | 26.831,3（0.002,8） |
| $os$ | −1.643,61（0.050,1） | 10.414,4（0.396,6） |
| $\Delta os$ | −6.047,20（0.000,0） | 25.406,5（0.004,6） |
| $ros$ | −2.290,16（0.011,0） | 8.460,60（0.474,2） |
| $\Delta ros$ | −4.640,39（0.000,0） | 18.768,1（0.043,3） |
| $\ln l$ | 8.834,56（1.000,0） | 1.096,18（0.999,7） |
| $\Delta \ln l$ | −1.777,44（0.037,7） | 19.079,9（0.039,3） |
| $\ln k$ | −1.214,44（0.112,3） | 7.238,58（0.702,7） |
| $\Delta \ln k$ | −6.019,01（0.000,0） | 31.811,0（0.000,4） |

註：括號內為估計量的伴隨概率，LLC 檢驗為 common unit root 檢驗，PP − Fisher 檢驗為 individual unit root 檢驗；零假設為存在單位根。

2. 估計結果分析

依據前面介紹的模型估計方法，選擇模型形式進行假設檢驗，再估計不同面板模型的係數。參數估計和模型選擇思路是：首先，分別對模型進行混合、

固定效應和隨機效應估計，通過似然比檢驗拒絕了原假設，排除了混合模型；然後，在豪斯曼檢驗原假設 $E(a_i \backslash x_{it})=0$ 下，進一步判斷應選擇的模型是固定效應還是隨機效應，結果表明了豪斯曼統計量即使在10%水準上也不顯著，因此，本書接受原假設，認為隨機效應模型的估計結果比固定效應模型更優。迴歸結果如表4-16所示。

表4-16　服務外包產業升級利益計量模型迴歸結果

| 項目 | 模型 |
| --- | --- |
| 混合/固定/隨機 | 個體+時點隨機 |
| 常數項 | -6.376,179*** (-8.192,655) |
| 服務外包率 os | 0.914,482* (1.467,402) |
| 反向服務外包率 ros | -2.996,678*** (-2.896,209) |
| 勞動投入 lnl | 0.328,878** (7.228,433) |
| 資本投入 lnk | 0.193,795*** (2.116,688) |
| 極大似然比檢驗（F值） | 94.048,266 |
| Hausman Test（Chi-Sq.值） | 4.653,038 |
| 調整的 $R^2$ | 0.675,359 |
| 觀測值 | 45 |

註：表中括號內為估計系數的t統計量；***、**、*分別表示在1%、5%、10%顯著。

　　從模型可知，服務外包率系數為正，且在10%的水準上顯著，說明承接外包對於中國的經濟結構調整是有積極作用的。服務外包率每增加1%，則中國服務業比重提高0.009,1%，但是，反向外包率的系數為負，與預期相反，說明中國對外外包反而不利於中國服務業升級，系數結果顯示，反向外包率每增加1%，則中國服務業比重不僅沒有提高，相反會降低0.03%。而控制變量勞動投入和資本投入系數均為正，說明增加對服務部門勞動投入和資本投入都有利於提高服務業比重。

　　3. 模型診斷檢驗

　　模型的擬合優度與顯著性水準等各項指標都符合要求。為保證迴歸結果的有效性和穩健性，對面板殘差序列進行了平穩性檢驗。本書繼續應用面板單位根檢驗的四種方法，進行面板殘差序列的平穩性檢驗。如表4-17所示，所估計的模型的面板殘差在1%水準上高度顯著，因此，本書估計結果具有一定的穩健性。

表 4-17 模型面板殘差的平穩性

| 項目 | LLC | Fisher-PP |
|---|---|---|
| resid | -3.845,67（0.000,1） | 23.881,8（0.007,9） |

註：括號內為估計量的伴隨概率，LLC 檢驗為 common unit root 檢驗，PP - Fisher 檢驗為 individual unit root 檢驗，零假設為存在單位根。

註釋：

［1］孟雪在 Crinò（2010）模型的基礎上區分投資來源，即外資與內資，從而形成反向服務外包和服務外包。利用中國投入——產出表，檢驗反向服務外包對就業結構的影響。

［2］度量工業行業資本存量的另一種方法是直接使用統計年鑑公布的各行業的固定資產淨值年平均餘額（張海洋，2005），並且以統計年鑑公布的固定資產價格指數把當年價折算成不變價。

［3］由謝潑德引理可知，條件投入需求可以通過求關於投入品的價格的微分獲得。

［4］參考唐玲（2010）在國際外包勞動生產率效應的實證檢驗中採用該計量模型。

［5］由於通常可以用全要素生產率衡量一個國家的技術進步，而勞動生產率是全要素生產率的一個關鍵因素，所以本書用行業勞動生產率衡量跨國外包技術溢出效應。

# 第五章　全球價值鏈分工下影響服務外包貿易利益分配的因素

## 第一節　外部因素：多邊貿易規則與政治博弈

### 一、WTO 多邊貿易體制

(一) 基本框架

《服務貿易總協定》(GATS) 是第一個關於多邊貿易體制下國際服務貿易的框架法律文件，旨在開放世界服務市場和促進在透明和逐步自由化條件下的國際服務貿易的新發展。

目前，世貿組織在金融服務、基礎電信和信息技術方面取得了歷史性突破，獲得了重要成果。世貿組織達成的三項服務貿易協議不僅將服務貿易自由化原則推向了具體成果，而且對服務外包產生了重要影響。

首先，根據《金融服務協議》，絕大多數世貿組織成員承諾開放其金融服務市場並確保非歧視性經營條件，以便金融服務貿易可以按照多邊貿易規則進行，建立可預見和透明的法律環境。

其次，《全球基礎電信協議》敦促各成員方向外國公司開放電信市場，並終止國內電信市場的壟斷行為。該協議涵蓋各種電信服務，如語音電話、數據傳輸、傳真、電話、電報、移動電話、移動數據傳輸、企業租用私人線路以及個人通信等。

最後，《信息技術產品協議》將信息技術產品貿易自由化與電信服務貿易自由化聯繫起來，是服務貿易自由化的重要組成部分。其範圍包括：電腦、電

信設備、半導體、製造半導體的設備、軟件、科學儀器等 200 多種信息技術產品。

可以看出,《服務貿易總協定》框架下的服務外包監管體現在具體的承諾形式上。各國根據不同的服務提供方式為服務部門或分部門協商具體的承諾表。具體承諾表中包含的一般義務和具體義務（如最惠國待遇和透明度原則）適用於服務外包。

(二) 對服務外包的影響

《服務貿易總協定》要求各成員方在最惠國待遇和國民待遇原則的基礎上,逐步放開服務市場准入,取消對跨境服務的限制,鼓勵發展中成員提高其服務競爭力,更多地參與到世界服務貿易中。《服務貿易總協定》的自由化導向有助於降低離岸服務外包壁壘,推動離岸服務外包發展。

與《服務貿易總協定》定義的四種服務提供方式相對應,離岸服務外包存在以下貿易壁壘：第一,在跨境支付方面,對服務提供者的國籍、授權許可要求上採取限制,設置電子商務使用障礙。第二,在自然人流動方面,對於外國從業者採取不適當的認證和歧視性待遇,例如在從業資格、工作經驗和教育水準上。舉例說明,印度軟件工程師要在美國從事軟件服務工作必須取得美國認可的相關學位並且有三年以上的相關行業經驗。第三,在商業存在方面,設置外商投資准入障礙,不開放某些服務部門,在最低資本金要求、經營地域及稅收方面採取限制性的政策,提高市場准入門檻。在中外合資中提出關於持股比例、外國董事數量、政府審批等限制性措施,對企業在經濟效益、當地成分等方面提出過高的要求。

以上服務提供的方式是相互聯繫、相互影響的。由於國際分工的發展,大型跨國公司需要建立子公司,基於全球產業鏈配置開展離岸外包服務。此外,大型外包公司還必須在國外設立代表處或其他機構,為其外包服務提供售後和客戶服務,以取得信譽和更多客戶。通過這種方式,在另一國家設立了公司,也有跨境交付的承諾來保護數據或服務傳輸的安全,除此之外還需要自然人的參與。服務外包承接方需要委派人員參與初始階段的商業談判,實地考察發包公司的經營情況,並同發包方簽訂服務外包合同；在服務外包開展階段需要委派人員與客戶進行溝通、及時調整方案,處理問題以及完成售後服務。

總之,在多邊貿易規則的約束下,各國積極參與到世界服務貿易中。世界貿易組織不斷推動服務貿易自由化,倡導成員國之間提高政策透明度,逐步消除限制性措施,降低服務貿易壁壘。特別對發展中國家成員採取區別對待,允許其在市場准入方面有過渡期,保護發展中國家成員服務貿易的競爭力。這些

政策取向對離岸服務外包發展具有正面的推動作用。

**二、區域貿易安排**

(一) 基本框架

區域貿易是以世界貿易組織的例外為基礎而實施的一種特惠貿易。旨在為貨物和服務創造更為廣闊和穩定的市場，以及穩定和可預測的投資環境，從而提升企業在全球市場的競爭力；有利於擴大和發展國際貿易；建立明確和互利的貿易規則；通過擴大相互間的貿易和投資，提高生活水準，促進經濟發展和穩定，創造新的就業機會，提高公共福利水準；致力於促進和加強區域經濟合作和一體化。

從最基本的框架合作協議到完全的經濟一體化，種類繁多的區域貿易協定可分為六類：框架合作、優惠貿易安排、自由貿易區、關稅同盟、共同市場和經濟聯盟。區域貿易協定中有關服務貿易規則的主要內容基本包括以下幾個方面：

第一，服務範圍。它包括服務部門和提供服務的方式。有些協議使用「負面清單」方法，有些協議使用「肯定清單」來指定適用的服務部門的範圍。第二，國民待遇和最惠國待遇。第三，市場准入。給予來自成員方的服務和服務提供者在承諾開放部門享有的待遇。第四，透明原則。第五，許可證和證書。不應增加不必要的負擔，對所涉及的服務構成限制。第六，壟斷行業的服務提供商。不要濫用壟斷優勢直接或間接地在非壟斷市場中進行不公平競爭。第七，服務提供者的「國籍」或利益的拒絕。區域貿易協定中的服務貿易安排沒有針對服務或服務提供者原產地的規定，而是由定義條款和「利益的拒絕」等條款來規定的。

目前與中國密切相關的區域貿易協定主要包括歐盟服務貿易協定、北美自由貿易協定、亞太經合組織服務貿易規則和東盟服務業框架協定等。這些協定促進了服務領域成員國之間的合作，並消除了服務貿易限制，以實現服務貿易自由化。以東盟為例，貿易自由化談判的第一階段於 1997 年年底完成。主要的開放部門包括旅遊業（所有成員國）、航空運輸（文萊、馬來西亞和新加坡）和海運（文萊、印度尼西亞、馬來西亞和新加坡）、商業服務（菲律賓）、電信（越南）；1998 年完成了第二階段的談判，除開放旅遊、空運、海運、商業服務和電信外，還增加了建築業、金融服務等領域的開放；目前，東盟貿易自由化談判已進入第三階段。

(二) 對服務外包的影響

區域經濟一體化和自貿區的建設，為服務外包的發展提供了一個新的契

機。首先，關稅和非關稅壁壘的削減、服務業對外開放的擴大，直接為相關領域服務外包產業發展帶來了難得機遇，在金融、教育、文化、醫療等服務業領域以及育幼養老、建築設計、會計審計、商貿物流、電子商務等服務業領域將有力促進高技術、高附加值服務外包業務發展。其次，建立與國際接軌的營商環境是推動服務外包產業可持續發展的重要保障。大力推進外資管理體制改革、優化外商投資環境、推進知識產權保護、環境保護、電子商務、競爭政策、政府採購等規則的建立，提升各國治理能力。再次，貿易及自然人流動便利化水準的提升大大減少了服務外包的成本，提高了貿易利益。進一步推進海關監管、檢驗檢疫等管理體制改革，促進在監管體系、程序、方法和標準方面的適度融合，為企業境外投資的人員出入境提供更多便利條件。最後，產業合作、發展合作、全球價值鏈等經濟技術合作大大推動了服務外包分工體系的形成，實現互利共贏。

總之，通過自由貿易區等途徑實施開放帶動戰略，可以對服務外包或者是服務業的發展有新的推動。自貿區協定是在 WTO 多邊規則下，服務貿易自由化的進一步深化，必然加速全球服務外包體系的建立。

### 三、「一帶一路」倡議

(一) 基本框架

2013 年 9 月和 10 月，中國國家主席習近平在出訪中亞和東南亞國家期間，先後提出共建「絲綢之路經濟帶」和「21 世紀海上絲綢之路」（以下簡稱「一帶一路」）的重大倡議，得到國際社會高度關注。中國國務院總理李克強在參加 2013 年中國-東盟博覽會時強調，鋪就面向東盟的海上絲綢之路，打造帶動腹地發展的戰略支點[2]。

「一帶一路」倡議恪守聯合國憲章的宗旨和原則，堅持開放合作，堅持和諧包容，堅持市場運作，堅持互利共贏。秉持和平合作、開放包容、互學互鑒、互利共贏的理念，全方位推進務實合作，打造政治互信、經濟融合、文化包容的利益共同體、命運共同體和責任共同體。

「一帶一路」貫穿亞歐非大陸，連接東亞經濟圈和歐洲經濟圈。絲綢之路經濟帶重點暢通中國經中亞、俄羅斯至歐洲（波羅的海）；中國經中亞、西亞至波斯灣、地中海；中國至東南亞、南亞、印度洋。21 世紀海上絲綢之路重點方向是從中國沿海港口過南海到印度洋，延伸至歐洲；從中國沿海港口過南海到南太平洋。

「一帶一路」陸上依託國際大通道，以沿線中心城市為支撐，以重點經貿

產業園區為合作平臺，共同打造新亞歐大陸橋、中蒙俄、中國-中亞-西亞、中國-中南半島等國際經濟合作走廊；海上以重點港口為節點，共同建設出海運輸大通道。進一步推動中巴、孟中印緬兩個經濟走廊緊密合作。

具體而言，實現全方位的互聯互通，需要有以下措施：第一，政策溝通，通過加強政治互信，促進政府合作，為大型項目合作提供政策支持；第二，設施聯通，建設主要的國際大通道，形成連接亞洲、非洲、歐洲以及亞洲內部的基礎設施網絡；第三，貿易暢通，推動貿易壁壘和投資壁壘的消除，構建良好的營商環境，推動自貿區建設；第四，資金融通，加強各國的金融合作、推進亞洲貨幣體系、投融資體系及信用體系的建設；第五，民心相通，加強民間交往，如文化、學術、人才交流，媒體合作、志願者服務等。

(二) 對服務外包的影響

企業國際化進程必然會產生大量的生產性服務需求。鑒於文化、語言、習慣等客觀原因，跨國公司通常使用其母公司提供的信息和服務來降低交易成本，控制信任危機的目的。事實上，當中國企業在對「一帶一路」沿線國家投資時，他們對這些國家釋放政策機會和企業資源要素的認識仍然薄弱，這要求中國專業服務提供商為「走出去」的企業提供諮詢、設計、法律、金融等方面的生產性業務。隨著中國和「一帶一路」國家和地區的對外投資規模的擴大，中國的服務外包產業將擁有更廣闊的國際市場。此外，「一帶一路」國家沿線國家和地區也面臨著發展經濟，解決人口就業等社會問題。而且，世界範圍內的信息技術革命和產業融合正在不斷深化。這些國家也不例外，他們需要不斷使用信息技術，促進整個經濟社會發展，因此產生大量內生服務外包需求。此外，在「一帶一路」倡議的背景下，貿易便利化和投資便利化降低了清關成本並消除了投資障礙。通過開發跨境電子商務等新業態，貿易領域得到了擴展。沿線國家在信息技術、生物、新能源、新材料等新興產業的深入合作，研發、生產和營銷體系的建立，進一步促進了區域服務業的加速發展，為服務外包產業的發展提供了巨大的機遇。

四、政治博弈

(一) 貿易戰與全球產業鏈重構

人類貿易活動的發展歷程不可避免地會出現貿易摩擦和衝突，甚至會出現貿易摩擦。貿易摩擦是各國政治博弈的產物，也是貿易摩擦和衝突極端化的表現。全球貿易摩擦一般是由大國發動的，體現了大國之間的競爭和博弈，小國只能是全球貿易摩擦的跟隨者。

中美兩國的貿易摩擦由來已久，最終發展到現在的局面，具有一定的必然性。美國一直認為，中國的經濟發展威脅到了美國的利益，也撼動了美國的霸權，因此不管中國如何調整貿易政策，甚至做出某種程度的妥協和讓步，都不可能改變美國採取貿易保護的措施，貿易摩擦是不可調和的，是中國崛起的道路上必然要面對的歷史挑戰。

實際上，這次全球貿易摩擦不僅有中美兩個大國作為主角，德國、法國、英國、日本和加拿大等主要發達經濟體以及包括俄羅斯、印度、墨西哥、土耳其在內的主要新興經濟體都參與其中，而且休戚相關。這次貿易摩擦是人類歷史上規模最大，影響最為深遠的。

綜上，全球貿易摩擦不僅改變了全球貿易格局，也是大國之間的競爭和博弈的產物，也深刻影響全球價值鏈分工體系，引發了全球價值鏈體系的分化、重構。全球貿易體制和價值鏈體系的重構過程是一個持續的進程，受到自然和社會環境的影響和制約，而貿易戰則是影響因素中非常關鍵的變量和重要事件。

（二）對服務外包的影響

如前所述，由於單邊主義和貿易保護主義的破壞性影響，全球價值鏈正在重構。作為跨國公司全球生產協同鏈條的一部分，服務外包也面臨著嚴峻的挑戰。自 2017 年以來，美國、英國、法國、德國、義大利和日本等發達國家對技術貿易實施了更嚴格的規定和限制，如美國啟動了「外國投資風險審核現代化法案」（FIRRMA）；義大利擴大了政府對非歐盟企業在高科技領域的收購的否決權；通過發布「國家安全和基礎設施投資審查」，英國已經建立了更嚴格的投資審查制度。

各國在利益最大化的基礎上採取各種貿易保護措施，開展全面的政治經濟實力競爭。這種政治經濟權力的競爭不可避免地導致爭端的升級，這種博弈均衡將不可避免地影響利益的分配。因此，在服務外包價值鏈分工中，國家政治和經濟力量的博弈不僅是代表一個國家對於貿易利益的爭奪，而且也代表了該國國內不同利益集團貿易利益的爭奪。各國通過政治經濟力量的綜合較量獲取貿易利益的重新分配的途徑之一就是通過不斷提高服務貿易壁壘。貿易摩擦升級意味著這樣的政治博弈對於服務外包貿易利益分配上應該頗有效，否則不會如此頻發。可見，除了經濟因素外，政治力量的博弈也會對服務外包的發展有不可估量的影響。

## 第二節　內部因素：產業發展環境

### 一、要素稟賦

20世紀90年代以來經濟全球化得到迅速的發展，在這一輪發展中，國際分工的基礎是生產要素國際間流動。生產要素在不同國家中集聚形成產業鏈，構成了「要素分工」的格局。各國通過各自的生產要素稟賦來參與到國際分工中，提供產品，獲取分工利益。要素稟賦包括要素水準和要素結構，要素的相對稀缺性決定了要素收益的程度。

根據要素水準來劃分，生產要素可分為初級生產要素和高級生產要素。初級生產要素，包括自然資源和勞動力，在國際分工中發揮了重要作用。高級生產要素以高質量的人力資本為核心，具有創新功能，可以大大提高產品的附加值和競爭力。一般而言，發達國家擁有豐富的資本、先進的技術等高級生產要素，發展中國家擁有豐富而廉價的勞動力資源和可能豐富的自然資源等初級生產要素。擁有高級生產要素的國家會在貿易利益分配中處於有利和支配地位，而擁有初級生產要素的國家則處於從屬地位。

要素稟賦結構是指支持國家經濟增長的自然資源、勞動力、人力資本和物質資本的相對豐富程度。要素稟賦結構根據每個特定的發展水準設定，並隨著發展水準而變化。因此，經濟的最佳產業結構也會隨著發展水準而變化。不同的產業結構不僅意味著不同的產業資本密集度、不同的企業規模、生產規模、市場範圍、交易複雜性和不同類型的風險。這些要素稟賦進一步決定了經濟的增長潛力。可以看出，經濟增長潛力發展的本質是技術創新，行業不斷創新，結構不斷變化的過程。經濟結構由要素的稟賦結構內生決定。因此，要素稟賦結構決定了經濟增長的潛力和潛在發展的動力機制。

綜上，要素水準的變化和要素的結構變化都將直接影響一個國家在全球服務外包體系中的貿易利益。要素稟賦是影響貿易利益分配的最重要和最基本的因素。在高級要素中，人力資本的消長是動態比較優勢的決定因素（代謙 等，2006）。在長期的產業發展中，技術要素是形成動態比較優勢的關鍵，而先進技術需要相應的勞動力來配合。人力資本是將基本要素轉化為高級要素的仲介。作為服務外包產業發展的核心和關鍵因素，其質量和可用性直接關係到國家是否具有發展潛力和行業水準。

## 二、產業結構

產業結構是指農業、工業和服務業在一國經濟結構中所占的比重。產業結構的變化會直接影響要素水準和結構。伴隨著經濟全球化進程的加快，信息和網絡技術的飛速發展，近10年來全球產業結構發生了巨大的變化。其中很明顯的表現就是服務業的異軍突起。全球服務業產出比重和就業份額持續上升，服務業產出的快速增長表明了對服務需求的快速增長，服務業逐漸成為經濟生活的主導力量。現代服務業的比重不斷上升，知識密集型服務行業發展迅猛，服務業成了創新活動的引領者，內部結構呈現新經濟的特徵。

服務業和製造業的關係日益密切，製造業中間投入中服務的投入大量增加，服務業和某些製造業界限不是那麼分明，某些服務產品甚至可以像製造品一樣批量生產，二者之間更多地表現為相互作用、相互銜接、共同發展的動態融合關係。

服務外包可以根據發生部門的不同分成兩類：一類是製造業部門，這些部門將某些生產性服務活動或流程外包給外部服務商來提供，即所謂的生產性服務業。它是一個新興行業，由製造業內部生產服務部門獨立發展起來。其主要功能是為生產過程的不同階段提供服務產品。它貫穿於生產的所有過程，包括上、中、下游。生產性服務業的發展主要依賴於製造業的服務外包，即製造企業將原本由其生產服務部門提供的一些中間投入服務轉換為從市場上購買或由專業化的服務外包企業按合同提供。

另一類是服務業部門，將自身某些服務活動或者流程外包給其他的外部服務商來提供。不管是製造業部門還是服務業部門，這種將企業活動外置化的做法催生了許多新興服務業。這些新興服務業主要承接中間投入服務活動，經過快速發展，成了服務業增長中的「主導」行業。

與此相對應，服務外包的需求也來自兩個方面，一個是製造業部門，一個是服務業部門。從「微笑曲線」來看，這些企業無論是價值鏈的上游、中游還是下游，都包含了大量的中間服務投入。例如，價值鏈的上游可以是可行性研究、風險資本、產品概念設計、市場研究等；在價值鏈的中游可以是質量控制、會計、人事管理、法律實務等；在價值鏈的下游可以是廣告、物流、銷售等。在價值鏈分工和生產組織方式的變革中，企業選擇將上述服務環節外置化，從而形成了新的服務外包需求。隨著先進企業數量的逐步增多，從企業內部獨立出來的生產性服務部門也就越來越多，對外包的需求也就不斷增加，從而進一步促使生產性服務業的發展與壯大。

此外，服務業和服務外包之間有一種「自我增強機制」。現代服務業利用現代科學技術特別是信息網絡技術、新的商業模式、服務方式和管理方法，在其發展過程中會衍生出信息技術服務外包和商務流程服務外包的需求，使得信息、管理、研發、諮詢等各個服務行業協同發展、相互融合，反過來推動了服務業自身的發展。

總之，在經濟全球化的背景下，服務業價值創造體系在全球範圍內重組和整合資源，逐步形成以跨國公司為主導的服務業全球價值鏈，成為各國軟實力的競爭點。服務業內部結構以及製造業與服務業互動關係必將影響一國參與全球服務外包的水準，進而影響貿易利益的分配。

### 三、技術水準

現行的哈羅德技術進步被定義為：給定的資本產出比（$K/L$）是恒定的，在技術進步之前和之後，如果資本的邊際產出增加，技術進步就是資本偏向的；如果資本的邊際產出減少，技術進步是勞動偏向的；如果資本的邊際產出不變，技術進步就是中性的。

有兩個關鍵點決定了技術進步的激勵。這兩種效應是相互競爭的，替代彈性決定了哪種影響佔主導地位：①價格影響，鼓勵發明生產更昂貴的產品所使用的技術，即在要素的邊際產出等於邊際成本的前提下，技術用於促進使用更高價格的要素來實現節約要素投入成本的目標。②市場容量的影響，鼓勵發明使用更廣泛的技術，即使用更充裕要素的技術來實現最大產出。當替代彈性較小時，稀缺要素的價格上漲，價格影響相對較大。相反，市場容量的影響更為顯著。因此，技術進步的偏向取決於要素價格和要素充裕度。

要素分配效率的提高可以實現相同數量的生產要素相結合，提高產出效率，從而可以獲得更多的產出。技術進步可以通過提高要素分配效率來改變生產要素的組合併提高生產率。

一方面，服務外包發展得益於信息技術的突破。信息技術革命使得服務產品在生產和交付上突破了空間的局限，改變了傳統服務產品不可貿易的特性。信息技術革命催生了大量與信息儲存、傳輸、處理相關的服務外包，同時也對業務流程外包的發展起到了決定性作用。

另一方面，新技術的應用普及產生了新的服務外包需求，優化了參與國際分工的方式。以雲計算、大數據、移動互聯、物聯網為代表的新一代信息技術加速與傳統產業深度融合，傳統產業緊跟新技術的發展，借助新技術手段實現快速轉型升級。技術服務與產業間的邊界滲透、細分，互聯網金融、互聯網

業等新興概念不斷出現；新的業務形態如智能交通服務、智能家居服務等的產生，拓寬了產業外延；新的商業模式如SAAS、PASS、IASS等這些租用式的服務模式逐漸成熟。

研究表明，服務外包和技術進步的方向是呈倒「U」形的關係。從極低水準的離岸服務外包開始，服務外包機會的增加將導致西方國家技能偏向型的技術進步。西方國家的非熟練工人工資下降和全球技能溢價。然而，隨著服務外包的不斷增加，服務外包可能會導致技術進步，這些技術進步偏向於非熟練勞動力。因此，服務外包和技術變革在短期內是互相替代的，從長遠來看是互補的。

可以看出，技術決定了產品生產中使用的生產要素的比例。一旦技術發生變化，最初使用的生產要素可能會減少或不再使用，而可能會增加原來未使用的要素。這種由於技術變革帶來的要素需求的變化將極大地影響要素的相對價格，這將導致國際分工中利益分配的巨大調整。

**四、制度安排**

制度的主要功能是提供一種交互式激勵結構，形成激勵約束機制，減少環境複雜性造成的不確定性，並進一步降低交易成本。制度環境對於服務外包的發展特別重要。它主要來自三個方面：第一，從理論上講，技術進步和制度創新是現代服務業發展的主要原因。第二，新制度經濟學認為，長期而言，制度創新是經濟發展最根本的動力，制度安排決定技術進步的速度。第三，就服務業的特徵而言，由於服務產品的生產、交換、分配和消費的不直觀，因此服務業對制度環境的要求要高於製造業。

（一）產權制度環境

與傳統的製造業外包相比，服務外包具有雙方合作密切、人員知識水準高、信息技術依賴性高、技術含量高、知識和技術更容易轉移的特徵。隨著服務外包的不斷發展，服務外包的結構不斷優化，有明顯從相對低端的信息技術外包到相對高端的知識流程外包的趨勢，知識和技術含量的比重也越高。因此，知識產權保護的制度環境成了服務外包產權制度環境的最重要的部分。

健全的知識產權制度環境不僅有助於高科技創新活動的大力開展，帶動相關服務外包的發展，而且還可以將全球高知識含量的服務外包產業吸引過來，形成產業集聚效應。根據交易成本理論，明晰的知識產權制度環境讓發包方降低核心技術、商業秘密洩露的風險，減少用於關係治理機制的設計費用，在一定程度上降低了雙方的交易成本。

服務外包流程的順利完成，需要雙方深入溝通和密切合作。在服務外包過程中，通常會有知識、信息處理和轉移以及部分資源共享，以便提供解決方案或技術支持。發包方在向接包方業務流程共享以及敏感信息處理和轉移中，有可能涉及發包方的商業秘密和核心流程，這種情況下會有洩密的風險。因此，發包方極為關注知識產權保護的制度環境。

(二) 法律及政策制度環境

政府法律和政策體系可視為法律、財政、貨幣、貿易、商業和投資政策的組合。

1. 法律制度方面

法律制度的作用主要體現在保護服務外包雙方當事人的合法權益，尤其體現在對商業秘密的保護上。由於服務外包活動的特殊性，衡量服務外包質量的標準之一就是服務外包過程中的保密意識和保密程度。公正的法律制度環境可以大大降低服務外包活動的不確定性和交易風險，提高了接包方的服務質量，直接影響服務外包業務的規模。

2. 財政政策方面

財政政策體現在政府使用稅收、公債、政府投資、公共支出、財政補貼來實現相關政策目標。這些目標包括：運用財政政策支持服務外包企業開拓國際市場，積極搭建發包方和接包方的信息交流平臺；發揮公共財政的功效，推進服務外包產業園區建設；制定相應的稅收扶持政策，鼓勵服務外包企業創新，承接高端服務外包業務；為服務外包企業的人才培訓提供財政資金支持等。

3. 貨幣政策方面

貨幣政策主要運用存款準備金率、再貼現率和公開市場業務等政策工具調整貨幣供應量，實現相關政策目標。服務外包的貨幣政策環境目標是：保持幣值穩定和防止匯率波動；減少企業融資困難和增加外匯使用的便利性；鼓勵金融機構為服務外包企業提供擔保等。

4. 貿易政策方面

貿易政策的調整針對對外經濟活動，而服務外包則側重於承接國與服務外包有關的貿易政策環境，包括法律、法規、規章和條例等各種對外貿易政策。貿易政策環境對服務外包的發展有如下影響：一是貿易開放度直接影響一國對離岸服務外包的接受程度；二是貿易政策是否有激勵性直接影響一國服務外包產業參與全球價值鏈的程度。貿易政策設計中適當的激勵和約束將使社會專業化和分工更加精細化，本國參與國際服務外包市場將更加活躍。

5. 商業政策方面

商業政策環境對提高服務外包產業競爭力具有重要意義。商業政策環境包括：公共部門、壟斷行業、事業單位以服務外包的形式參與服務業市場化的程度；國內價格管制程度、定價透明度和服務業市場競爭自由度；就業市場彈性和工資彈性以及勞動力市場發展水準；服務業標準化水準，採用國外先進標準或國際標準以及參與國際標準的制定的程度等。

6. 投資政策方面

投資政策環境的作用主要體現在：取消對跨國公司投資資本撤出的限制；減少外匯管制和歧視程度；降低外國直接投資門檻；加快對外商直接投資的審批速度，減少對外商投資額度的限制；減少對外商投資機構從事商業領域的限制；完善服務外包的雙向投資政策；提高外資企業的基礎設施水準；加強對外商直接投資投向知識密集型服務外包的引導等。

(三) 非正式制度環境

非正式制度環境是指人們在長期社會生活中逐漸形成的規則的總和，如習慣習俗、倫理、文化傳統、價值觀以及對人們行為的其他非正式約束。非正式制度環境對於服務外包的發展也起到了重要的作用。比如，在全社會中形成對於誠信的推崇，對於知識產權保護的意識，這都將對構建服務外包企業信用體系以及知識產權保護的制度環境有非常重大的意義。

綜上，制度環境包括正式的制度環境和非正式的制度環境，非正式的制度環境是對正式的制度環境的必要補充，對人們的行為進行引導、調節，構成了服務外包產業的發展環境。制度環境改變了要素的供給和需求，比如通過鼓勵技術創新，改變技術要素的需求；通過增加教育投入來改變人力要素的供給。這都將影響要素的流向和要素的價格，從而影響一國服務外包產業的競爭力，最終影響其在全球服務外包體系中貿易利益的分配。

## 第三節　中國參與服務外包貿易利益分配的影響因素分析

### 一、外部因素

(一) 高水準的對外開放

當前國際形勢繼續深刻複雜變化，中國始終堅持和平、友好的政治外交方針，努力為中國企業參與全球服務外包創造一個良好的外部環境。中國政府在國家利益優先的基礎上，在社會制度和意識形態上求同存異，對其他國家採取

互相尊重、平等對待的態度來發展各國的關係，在和平共處五項原則基礎上努力營造同周邊國家的良好關係。目前，中國不僅同所有周邊國家建立了正常的外交關係，而且與西方發達國家的關係也有新突破，特別是與美國和西歐主要發達國家致力於建設以和平對話為主要內容的新型國家關係，積極鞏固和發展中國與東歐國家平等互利的友好合作關係，從而為中國進一步擴大服務外包、更好地融入經濟全球化大潮創造了良好的國際政治環境。

不斷擴大對外開放，提高對外開放水準，通過開放促進改革和發展，是中國發展取得新成果的重要法寶。開放帶來了進步，封閉導致了落後，這已經被世界和中國的發展實踐所證明。多邊貿易體制和區域貿易安排一直是推動經濟全球化發展的兩個輪子。自1994年烏拉圭回合談判以來，全球貿易體系正在進行最大規模的重構。中國是經濟全球化的積極參與者和堅定支持者，是重要的建設者和主要受益者。

特別是中國共產黨第十八次全國代表大會以來，中國提出要構建開放型經濟新體制，推動中國對外開放水準的不斷提升。在區域經濟一體化的驅動下，自由貿易區已經成為各國開展戰略合作的重要手段。中國提出了自由貿易區戰略，促進貿易投資，開拓國際市場，積極參與國際經貿規則制定、爭取全球經濟治理制度性權力。通過建設「一帶一路」，積極改善與周邊國家的關係，推動貿易便利化和投資一體化，促進多邊或雙邊更加緊密的合作，擺脫長期遊離於外的不利局面，充分利用兩個市場、兩種資源，實現對外戰略目標和經濟全球化中的利益最大化。良好的對外開放環境為中國發展服務外包創造了條件，促使中國參與全球服務外包中能夠獲取更大的利益。

(二) 複雜嚴峻的國際形勢

受頻繁的國際貿易摩擦，全球金融波動加劇，英國「硬脫歐」和地緣政治風險的影響，世界經濟的下行壓力有所增加。主要經濟體的增長率接近頂部，一些新興經濟體的增長率正在下降，全球經濟增長正在放緩，國際貿易和投資形勢正在收緊。國際貨幣基金組織（IMF）和世界貿易組織（WTO）降低了2019年世界經濟和國際貿易增長預期。國際貨幣基金組織發布的《世界經濟展望》（2018）報告預測，2019年世界經濟增長率將降至3.3%，為2008年金融危機以來的最低水準，全球70%的經濟體預計將面臨經濟增長放緩的情況。最新的WTO《全球貿易數據與展望》將2019年全球貿易增長預測從之前的3.7%下調至2.6%，這是過去三年來的最低水準。

美國減稅的積極影響逐漸消退。美聯儲宣布將放慢加息步伐。與此同時，降低了今年和明年的經濟預測增長率，這主要是由於受進口「補庫存」退潮

帶來的淨出口正向拉動影響，個人消費支出和企業投資增長明顯放緩，經濟內生增長動力不足。歐洲的政治風險仍然存在，英國的「脫歐」已進入關鍵階段，歐洲一體化的發展充滿變數。此外，歐洲債務問題再次凸顯，美歐貿易摩擦升級，民粹主義升溫，這將拖累歐洲經濟和貿易增長。日本經濟改善明顯，但全球貿易放緩削弱了日本的出口和工業產出。3月份出口連續第四個月下降，外國需求不足阻礙了日本經濟的持續擴張。新興經濟體和發展中國家的經濟增長已經分化，受到國際環境的影響，整體風險正在增加。國際貨幣基金組織4月份預測，美國、歐元區和日本經濟將在2019年分別增長2.3%、1.3%和1.0%，比1月預測下降0.2、0.3和0.1個百分點。

世界經濟增長乏力，各國紛紛轉向國內政策，貿易保護主義明顯抬頭，「反全球化」浪潮再次掀起，貿易摩擦不斷加劇。美國作為世界上最大的經濟體，率先採取貿易保護的限制，大力推行「美國優先」的單邊主義政策，其貿易保護的矛頭不僅指向了中國，而且也指向了墨西哥等新興經濟體，甚至也指向了歐盟、加拿大、澳大利亞及其盟友。貿易保護主義使得原本增長放緩的世界經濟雪上加霜，不僅抑制了貿易的持續發展，嚴重擾亂了國際經濟秩序，而且從各個層面上深刻影響著全球貿易和投資，對世界經濟產生了非常負面的影響。

貿易保護主義的抬頭正使服務外包企業面臨的巨大社會輿論和政治壓力，加大了經濟風險，例如，美國總統奧巴馬在其首次國會講話中就明確表示，不會再給那些將工作外包到海外的美國公司任何稅收優惠。以歐洲工會為首的組織一直在採取激烈行動來推行以保護有意外遷企業的雇員為目的的「獲得權益指引」法令。這必然會影響到中國參與服務外包的利益分配。

(三)「一帶一路」與自貿區戰略機遇

2013年9月和10月，習近平總書記在出訪中亞和東南亞國家期間，先後提出共建「絲綢之路經濟帶」和「21世紀海上絲綢之路」的重大倡議，這些倡議成為實施新一輪全方位對外開放的重要內容之一。此外，中國已簽署14個自貿協定，涉及22個國家和地區，自貿夥伴遍及亞洲、拉美大洋洲、歐洲等地區，將進一步帶動擴大服務業對外開放。

「一帶一路」建設內容涉及範圍領域很廣，包括交通基礎建設、貿易金融、信息通信、能源生態合作等橫跨多部門多領域，並且推動城市一體化、產業對接和服務經濟合作，服務外包產業將從中獲益。

首先，沿線許多國家和地區積極發展服務外包產業，合作空間廣闊。沿線的部分服務外包目的地國家已成為中國服務外包企業走出去的重要目的地之

一。其中，東南亞市場以新加坡為代表，市場規模大，增長速度快。在地域和文化優勢下，區域合作市場空間廣闊。隨著埃及、土耳其等國加入全球服務外包市場，西亞和北非市場的增長速度很快；捷克、波蘭、匈牙利等國家的服務外包市場相對成熟。中國企業與中東歐國家在信息技術服務和工業設計方面的合作將繼續增加。未來一段時間，伴隨中國對「一帶一路」沿線國家的對外投資規模擴張必然迎來服務外包國際化發展浪潮。其次，與沿線國家交通、能源、電子通信的合作將帶動相關後續運維服務和技術服務的出口，為服務外包產業的發展提供持續的動力。貿易服務、信息服務、跨境電子商務等貿易型以及與之相關的專業服務外包業務將迎來發展機遇期。最後，中西部服務外包基地和示範城市為加快與沿線國家的服務經濟和服務外包合作奠定了潛在基礎。

「一帶一路」建設的推進，必將帶來全球服務經濟往來重構效應，為中國與沿線國家服務外包產業發展合作提供了契機。首先，中國與沿線國家和地區同為承接國，但互補效應大於競爭效應，可以根據價值鏈分工水準和語言文化的差異性來進行分工合作。此外，部分沿線國家已經成了中國主要的服務外包對象國，合作空間廣闊。其次，與沿線國家的合作，可以通過相關設備出口帶動相關後續運維服務和技術服務的出口，將會推動生產性服務外包產業發展。再次，跨境電子商務以及與之相關的物流倉儲服務、分撥中心等貿易服務、信息服務也將快速發展起來。最後，中西部服務外包基地和示範城市與沿線國家的服務經濟和服務外包合作中發揮了很大的帶動作用。

二、內部因素

(一) 要素稟賦

1. 資本資源

2017年，中國實際利用外資金額1,310.4億美元，同比增長4%，實際利用外資實現持續穩定增長。相比2017年全球範圍的國際直接投資流量下降23%，中國外商投資逆勢增長，業績驕人。在實際使用外資金額中，農、林、牧、漁業占0.6%，製造業占25.8%，服務業占72.7%（參見表5-1）。

表5-1 2017年外商直接投資分行業結構

| 行業 | 新設企業數 ||| 實際使用外資金額 |||
| --- | --- | --- | --- | --- | --- | --- |
| | 個數 | 同比(%) | 比重(%) | 金額(億美元) | 同比(%) | 比重(%) |
| 總計 | 35,652 | 27.8 | 100 | 1,310.4 | 4 | 100 |
| 農林牧漁業 | 579 | 29 | 1.6 | 7.9 | −52.1 | 0.6 |

表5-1(續)

| 行業 | 新設企業數 | | | 實際使用外資金額 | | |
|---|---|---|---|---|---|---|
| | 個數 | 同比(%) | 比重(%) | 金額(億美元) | 同比(%) | 比重(%) |
| 採礦業 | 26 | — | 0.1 | 13.0 | 1,251.4 | 1.0 |
| 製造業 | 4,986 | 24.3 | 14.0 | 335.1 | -5.6 | 25.8 |
| 服務業 | 30,061 | 28.4 | 84.3 | 954.4 | 7.4 | 72.7 |

數據來源：商務部外資統計。

可見，涵蓋服務外包產業在內的服務業是外商投資的主要領域，第三產業外資增幅顯著，必將帶來大量服務外包業務，促進中國服務外包的快速發展。儘管服務外包在吸引資本流入方面取得了比較大的成效，但是國內服務外包企業在融資過程中仍然存在著不少的困難，比如國內一些擔保公司門檻過高，認識不足，不願意為服務外包企業提供擔保；服務外包企業作為輕資產企業，可抵押的固定資產價值不高，企業自身規模偏小，妨礙了從銀行獲取貸款。

2. 人力資源

(1) 勞動力成本。

受外部經濟不景氣的影響，中國服務外包對外報價近年來幾乎沒有變化，但是人力資源成本大概以每年10%~15%的速度在上升，同期物業租金、辦公費用等也都幾乎翻了一倍，中國已經不是一個低成本的軟件工程師國家，儘管企業嚴格控制預算，利用國家政策分攤員工培訓成本，利潤率依然下滑嚴重，服務外包企業的利潤率普遍在5%~10%。

服務外包產業作為一個輕資產的行業，對用工成本、商務成本的敏感性較強，其中勞動力成本占主要部分，據中國服務外包研究中心抽樣調查，人工成本在服務外包企業總成本中占比在60%~70%，有的企業甚至超過70%。根據調查數據，在39,277家服務外包企業中，約84%的勞動力成本超過總成本的50%，24%的企業勞動力成本占70%以上。高薪和高社會保障疊加，成本優勢喪失。數據顯示，北京、上海和大連的技術人員工資遠遠超過了印度技術人員的工資。北京與日本持平，比印度高出約30%~50%；上海大約是印度的兩倍。服務外包企業工資水準年均增幅為10%，加上高達約44%左右的「五險一金」繳費，總體上使我企業成本比印度高出20%~25%[①]。

---

① 鄭錦榮. 2014年全國61個城市服務外包要素成本狀況分析［EB/OL］. (2016-01-05)
[2019-10-30]. http://www.comagazine.cn/article/? i=80402.

當前，中國服務外包產業還處於發展初期，業務類型還主要集中在價值鏈的中低端，主要以成本優勢制勝，而服務外包要素成本的快速上升嚴重影響了服務外包企業的發展，產業進入了較為艱難的轉型升級期。

（2）勞動力素質和勞動力充裕度。

服務外包產業是現代新興服務業，集勞動密集型、技術密集型和知識密集型於一體，對勞動力素質和勞動力充裕度有很高的要求。擁有大量適合服務外包業務的高素質人才已成為吸引服務外包的主要因素。

勞動力資源稟賦是中國吸引離岸服務外包的最具競爭力的優勢。服務外包的勞動力資源稟賦體現在三個方面：充裕度、專業素質、勞動力成本。中國擁有充足的而且廉價的勞動力資源，並且人力資本的素質在不斷地提升。從20世紀90年代末開始，中國大力推行高等教育，改變了高考「千軍萬馬過獨木橋的」的局面，使得高等教育的普及面大大擴大，更多的人可以接受高等教育，全民總體素質大幅度提高。此外，國家和地方政府對服務外包人才培養的重視也有助於提高人才素質。全國各高等院校積極都與企業合作，根據企業需求，提供相關的專業培訓，增強專業技能。這些都為服務外包產業的發展提供了良好的智力支持。

2015年研究生教育招生64.4萬人，在讀研究生191.1萬人，畢業生55.2萬人。普通本專科招生737.8萬人，在校生2,625.3萬人，畢業生680.9萬人。

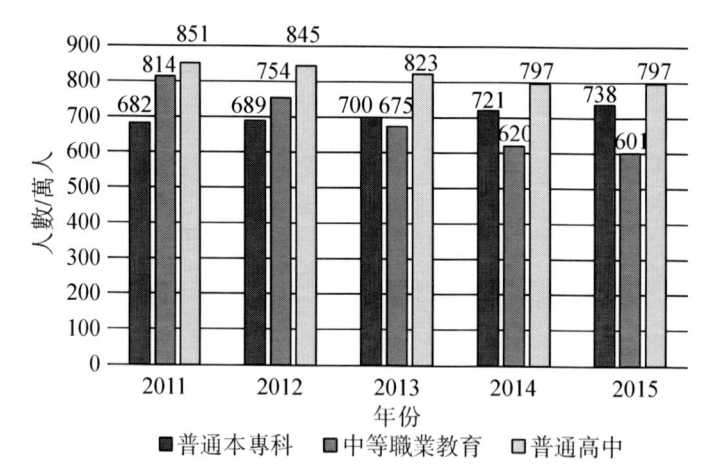

圖5-1　2011—2015年普通本專科、中等職業教育及普通高中生招生人數

數據來源：國家統計局. 2015年國民經濟和社會發展統計公報. 2016.

豐富的勞動力資源是中國發展服務外包的主要比較優勢，然而目前勞動力稟賦結構已經無法與服務外包產業的發展需求相匹配。服務外包涉及的業務非

常寬泛,不同類型的業務對人才素質有不同的要求。其中,ITO涉及基礎技術服務、系統營運服務、系統應用服務等技術含量較高的服務,對人員的技術能力有比較高的要求;BPO涉及內部管理、企業營運服務和供應鏈管理服務,對人員的綜合素質,包括外語能力、商務溝通能力和管理能力要求較高;KPO涉及研究服務、設計服務和研發服務,對人員的研發能力要求較高。根據中國服務外包研究中心2012年對服務外包企業的調查,40%的企業認為難以吸引高端人才,38%的企業認為難以招聘到中端人才。

中高端人才缺乏主要體現在以下三個方面:①具有熟練運用外語能力的外包人才缺乏。中國的外語教育起步較晚,而且大多以基礎英語為主,專業技術外語人才培養體系不完善。語言技能和文化適用性方面,落後於愛爾蘭、印度等外包供應國。②高級管理人才缺乏。儘管中國有巨大的勞動力供給,但跨國公司發現,能夠帶領大型技術團隊、承接複雜外包工作,具備相對豐富管理經驗的人才較少。③熟悉商業慣例的人才缺乏。西方的文化差異導致思維模式、工作習慣迥異,可能會導致相互不理解、項目延遲、成本超支等問題。與印度公司相比,中國外包公司在溝通力上明顯更弱。

3. 基礎設施

改革開放以來,中國經濟發展的硬件環境明顯得到加強,一大批重大項目,如三峽工程、西氣東輸、南水北調、青藏鐵路、京滬高鐵等建設順利完成或向前推進。交通運輸、郵電通信已經實現全國全網覆蓋,水利環境、教育、文化、衛生、體育設施等基礎設施顯著加強,農業、能源、原材料等基礎產業穩步發展。根據《2015—2016年全球競爭力報告》[1],中國排在第28位,繼續領跑金磚國家,仍是全球主要新興市場中最具競爭力的經濟體,大大超過以軟件接包大國著稱的印度(排名第55位)。

服務外包產業對通信技術要求很高。發包方和接包方的信息溝通和工作協調需要可靠的通信技術來實現,比如電話、視頻會議和數據傳輸。離岸呼叫中心、數據處理、電子商務、人力資源管理以及信息系統營運和維護都建立在強大的信息技術平臺上,電信、互聯網、電力等基礎設施要求有足夠高的承載能力。

中國通信業的穩定發展為服務外包的穩定增長創造了良好的技術環境。截至2015年,中國互聯網用戶數量為6.88億,增加了3,951萬,其中手機上網的人數為6.2億,增加了6,303萬。互聯網普及率達到50.3%(見圖5-2)。

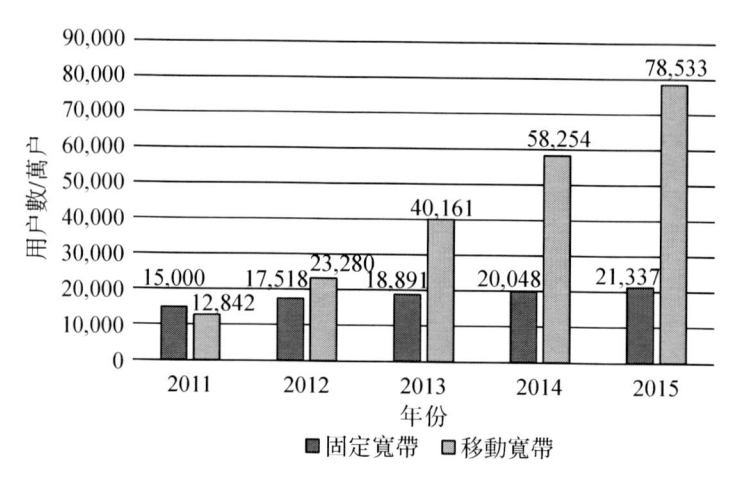

圖 5-2　2011—2015 年年末固定互聯網寬帶進入用戶和移動寬帶用戶數

數據來源：國家統計局. 2015 年國民經濟和社會發展統計公報［EB/OL］.（2016-02-29）［2019-12-01］. http://www.stats.gov.cn/tjsj/zxfb/201602/t20160229_1323991.html.

信息技術外包是服務外包產業發展的基礎和主要構成部分，隨著社會信息化建設的繼續深入、區域性電子政務建設投資的不斷加大，金融、公安、電信等各領域信息化建設的強大需求對服務外包市場形成拉動；移動互聯、大數據等新技術的應用和「智慧城市」建設成為服務外包發展新的推動力。

除目前已經擁有的基礎設施便利之外，政府還在繼續推動信息化建設。主要有以下方面：①「寬帶中國」示範城市建設，推進網絡城市的全光纖化；②雲計算數據中心建設，實現規模化、集約化、綠色化；③農村寬帶基礎設施建設，縮小數字鴻溝；④加大 5G 研發力度，在國際移動通信（IMT）頻率、智能交通頻譜方面力爭突破；⑤互聯網企業網站建設，提升企業網站服務能力。

作為「互聯網+」的底層信息基礎設施，雲計算、大數據和物聯網廣泛滲透各行各業，促進政府信息共享和橫向協同，是政務創新、精準醫療、個性教育、電子商務等重點行業關鍵領域發展的強勁引擎，是加速培育戰略性新興產業，促進經濟結構戰略調整、產業結構優化升級的有力支撐。建設全國一體化大數據中心，推進技術融合、業務融合、數據融合，將為服務外包發展提供良好的應用基礎設施環境。

（二）相關支持產業

1. 製造業

經過幾十年的工業化發展，中國已經形成了規模龐大、門類齊全的工業體

系，成為全球製造中心。服務外包產業的發展需要堅實的工業基礎作為保障。服務外包企業所需要的設備、零部件以及研發儀器等都需要有強大的製造能力配套。上下游一體化的產業鏈配套是中國發展服務外包的有力支撐。對製造業企業，為了提高競爭力和盈利水準，其往往會將一部分業務外包，這些實力雄厚的跨國公司集團形成了非常大的服務外包潛在市場，催生了生產性服務業的巨大需求。目前，世界500強中有近450家跨國公司在中國投資並設立了地區總部，它們作為服務外包的轉移方，提供大量的金額高、期限長、關係穩定的中高端服務外包合同。

「十三五」以來，中國政府一直努力把握新一輪科技革命和工業革命的重大機遇。通過一系列政策保障和激勵措施，改變了製造業對資源要素和規模擴張的依賴，扭轉了中國製造業不強的傳統形勢，加快數字化和服務型製造業的實現。

2015年5月，國務院正式印發《中國製造2025》，2016年5月，《國務院關於深化製造業與互聯網融合發展的指導意見》發布。作為促進信息技術與製造業深度融合的服務外包產業，製造業在《製造業2025》《製造業+互聯網》戰略規劃方面具有廣闊的應用前景。國家的政策支持，製造業逐漸向信息化、數字化智能化和服務化轉型，必將為服務外包產業的創新和發展開闢一個新階段。

2016年7月，工業和信息化部、國家發展和改革委員會、中國工程院聯合制定了《發展服務型製造專項行動指南》（以下簡稱《行動指南》）。為了加速中國製造業從生產型到服務型的轉變，《行動指南》明確提出支持服務外包的發展，包括鼓勵製造企業發展服務外包，優化服務外包發展環境。

製造業服務化是未來發展的方向，製造業和現代高端服務業（以服務外包為代表）的融合發展，將形成疊加效應、倍增效應、聚合效應，具有非常好的前景和巨大的潛力。在轉型升級過程中，製造業將釋放龐大的在岸業務，並將在未來十年內實現中國服務外包產業質量和數量的雙重突破，形成在岸業務和離岸業務的良性互動，國際、國內兩個市場協調發展的特色之路，構建服務外包產業的龐大市場和發展動力。

2. 服務業

服務業是服務外包產業的基礎，服務業的發展水準直接影響服務外包的接包能力和發包方的區位選擇。服務業發展水準越高，相關資源流入越多，相關的政策和法律越完善，發包方的外包風險越低；服務外包發展水準越高，服務外包行業的服務質量越高，服務市場規模越大，可供選擇的的服務種類也就越多，對發包企業而言，也更具有吸引力。

2015 年中國服務業在國內生產總值中的比重上升到 50.5%，首次占據「半壁江山」，如圖 5-3 所示。服務業成為第一大產業，工業化與信息化融合加深，農業綜合生產能力明顯增強。高技術產業和裝備製造業增速快於一般工業。「十三五」將會基本形成以服務業為主體的產業結構。到 2020 年，三次產業的占比將是 6.09%、35.09% 和 58.83%，在國民經濟體系當中，服務業占 58.83%。

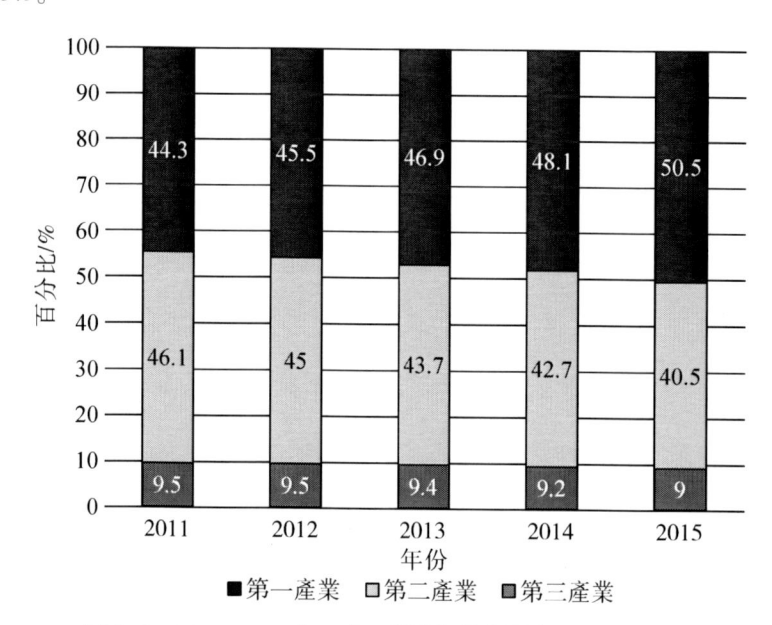

圖 5-3 2011—2015 年三次產業增加值占國內生產總值比重

數據來源：國家統計局. 2015 年國民經濟和社會發展統計公報 [EB/OL]. (2016-02-29) [2019-12-01]. http://www.stats.gov.cn/tjsj/zxfb/201602/t20160229_1323991.html.

隨著「互聯網+」行動計劃的出抬和實施，除製造業外，教育、金融、醫療、電信、能源、農業、政府、物流等行業正在加速利用新的互聯網技術改造生產方式，提高生產率。服務業的跨界融合不斷產生新動能，並為服務外包產業帶來新的增長點。

另一方面，經過 10 多年的發展，中國服務外包行業不斷延伸細分領域並且垂直化向縱深發展，從運維服務到業務運作，從節約成本、便利化企業管理到開發新業務，累積了豐富的行業解決方案能力。在傳統產業轉型升級的洪流中，「中國服務」將發揮更大的作用。

同時，為了應對激烈的市場競爭，在競爭中尋求新的突破，各行各業通過建立共享中心或直接併購服務提供商，加快向數字化轉型，優化了內部流程。

眾多具有國有企業背景的服務提供商，如中石油瑞飛、國電大渡河金融共享中心、石化盈科、國電南瑞、中電飛華、中電普華等，迅速成長起來成了服務外包行業的一股新興力量。未來，跨境融合將為中國服務外包產業注入新的活力和強大的生命力。

3. 產業開放

進一步擴大開放將為服務外包下一步的發展拓展新的空間。從各項指標來看，中國服務貿易的全球地位穩中有升。2010 年至 2014 年中，全球服務貿易在 GDP 的占比基本維持在 11%～12%的水準[3]，其中全球服務貿易前六位的國家分別是美國、中國、德國、英國、法國和日本，這 6 個國家占全球服務貿易將近一半的份額。「十三五」以來，中國服務貿易平均增速高於全球，2018 年服務貿易進出口額達到了 5.24 萬億，同比增長了 11.4%，已經連續 5 年位居世界第二。服務貿易占外貿比重從 2012 年的 11.1%，提高到 2018 年的 14.7%[4]。可見，服務貿易創新試點的政策效果逐漸顯現，中國服務貿易發展平穩向上，貿易逆差繼續下降，貿易結構明顯優化，知識密集型服務進出口成了主要推動力，實現了高質量發展。

服務貿易的結構調整和創新發展與服務外包密切相關，以服務外包為支撐，為服務貿易帶來新的發展空間。根據 WTO 發布的數據，以通信服務、信息服務、計算機、諮詢服務和金融服務為代表的新興服務貿易額比例已超過 50%，這將促進服務貿易的數字化、網絡化、智能化轉型升級。在信息化和「互聯網+」的背景下，中國的服務貿易依賴於大數據、物聯網、人工智能、雲計算等新技術；服務內容、服務方式、服務模式都在創新。其中，跨境電子商務是增長最快的服務貿易，與服務外包密切相關。跨境電子商務產生了大量的第三方服務，正在成為服務外包產業發展的重點區域。2015 年，中國跨境電子商務交易額達到 75.4 萬億元，對專業化服務的需求發展潛力巨大。通過與第三方專業服務商的合作，包括 1 號店、聚美優品、當當等在內的一批中小企業正在成為輻射全球的微型跨國公司。

(三) 信息技術發展水準

信息技術的不斷發展，電子商務的誕生以及物聯網的爆炸性增長影響著人們的生活方式。技術的發展促進了信息技術服務從工匠化、產業化階段向數字化階段的轉移。數字化已成為信息技術服務的核心驅動力。

數字經濟是以信息和知識的數字化為關鍵生產要素，以現代信息網絡為重要載體。通過有效利用信息和通信技術來提高效率和優化經濟結構，是一項重要的經濟活動，將帶來全球服務外包產業巨大的發展空間。

中國數字經濟的早期發展得益於人口紅利的先天優勢。互聯網人口的快速增長為互聯網行業的崛起提供了一個天然而優質的土壤。分為三個階段：

第一階段：從1994年到2002年，中國進入了數字經濟發展的萌芽階段，建立了一批行業先鋒企業。商業模式以新聞門戶、郵箱業務、搜索引擎為代表的業態，增值服務以信息傳播和獲取為中心。2000年左右，以科技股為代表的納斯達克股票市場崩盤，全球互聯網泡沫破裂，國內互聯網行業未能幸免，經歷了2~3年的低迷期。

第二階段：從2003年到2012年，中國進入了數字經濟發展的高速發展時期。以在線零售為代表的電子商務首先發揮了它的優勢。2006年，網上零售額突破1,000億大關，2012年突破1萬億大關，增長率一直保持在50%以上。與此同時，新興業態不斷湧現，博客、微博等自媒體出現，使網民對社會經濟產生前所未有的影響；社交網絡服務（SNS）的普及使得人際交往發生了重大變化，社交網絡與社會關係密切相關。截至2012年年底，中國移動互聯網用戶數量達到4.2億，使用手機的互聯網用戶數首次超過臺式機，表明中國的數字經濟已進入新的發展階段。

第三階段：從2013年到現在，中國的數字經濟已進入成熟階段。基於信息交換、智能手機全面連接人們的線上和線下生活，並產生深刻的雙向影響。一是傳統行業互聯網化。二是基於互聯網的模式創新不斷湧現。此外，網絡直播模式的興起也具有代表性，直播進一步與網購和海淘融合，形成了強有力的變現模式。

目前，中國數字經濟的發展階段並不相同。工業4.0、新零售等行業仍處於起步階段，而在線視頻、網絡營銷、網絡購物等行業已進入成熟階段。不可否認的是，互聯網行業仍然是數字經濟中最重要的組成部分。雖然傳統產業轉型升級的動力已經出現，但還有很長的路要走。

2015年12月，習近平總書記在第二屆世界互聯網大會上發表主題演講，並首次在世界範圍內就數字經濟的發展進行了重要闡述。2016年9月，G20通過了《G20數字經濟發展與合作倡議》，為數字經濟的發展與合作提出了一些共識、原則和關鍵領域。2016年10月，習近平總書記提出：「要加大投入，加強信息基礎設施建設，推動互聯網和實體經濟深度融合，加快傳統產業數字化、智能化，要做大做強數字經濟，拓展經濟發展新空間」。2016年11月，國務院發布《「十三五」國家戰略性新興產業發展規劃》，新增了數字創意產業。2017年12月，習近平總書記指出，要加快發展數字經濟，推動實體經濟和數字經濟融合發展。中國的國家層面高度關注數字經濟，表明數字經濟已經

上升到國家戰略層面。

(四) 制度安排

1. 政府政策

服務外包作為一個新興產業，對基礎設施、人力資本、知識產權保護等方面有比較高的要求，特別在發展的初期，更需要政府在基礎設施、人力培訓、法律法規的健全等方面提供強有力的支持和保障，從而增強服務外包行業和企業的競爭力，更有利於吸引國外服務發包方。

中國政府從一開始就積極鼓勵發展服務外包，制訂各種相關政策來促進服務外包的發展。從 2007 年開始統計，國家層面出抬的關於支持服務外包產業發展的政策數量變化趨勢如圖 5-5 所示。從圖中可知，2010 年之前，政府出抬政策的力度還是很大的，說明政府在服務外包產業發展初期就給予了比較大的關注。2011—2013 年是政策的平穩期，到了 2014 年以後，國家更是加大了支持的力度，在 2015 年政策數量出現了井噴式的增長。這表明政府特別看好服務外包在促進服務貿易、推動供給側改革中的作用，給予服務外包產業非常大的扶持。服務外包產業政策的內容以優惠政策為主，主要為企業提供稅收減免、補貼等方面的優惠，同時對人才培養和園區建設方面提供政策性指導，商務部、財政部、工信部、人社部、教育部等部委都是發布政策的主管部門。

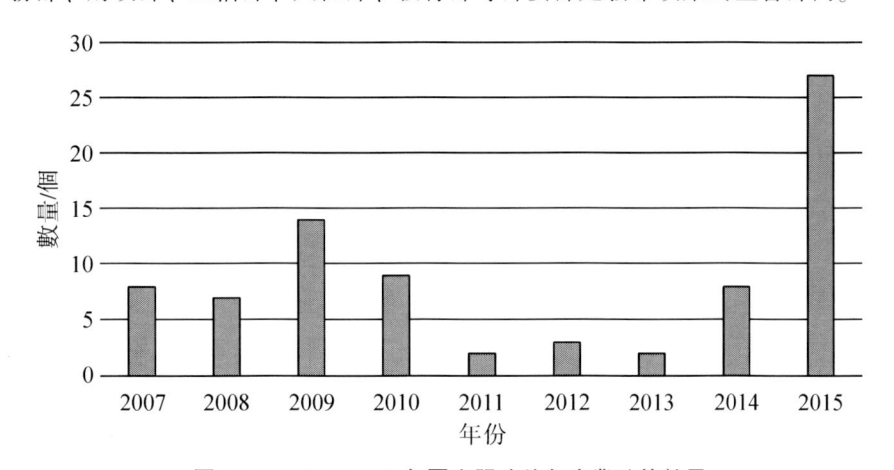

圖 5-4　2007—2015 年國家服務外包產業政策數量

數據來源：中國服務外包網. 中國服務外包產業十年發展報告 2006—2015 [EB/OL]. (2017-08-08) [2019-11-20]. http://chinasourcing.mofcom.gov.cn/contents/133/74832.html.

可以看出，支持服務外包發展的國家政策體系正在變得越來越完善。鼓勵政策和措施涉及人才培訓補貼、稅收優惠、公共服務平臺財政支持、特殊工時、資質認證、融資保險、外匯管理、政府採購、通信基礎設施、知識產權保

護、出入境管理、數據安全、海關/檢驗檢疫便利化、市場開拓等。這些政策措施有效地促進了服務外包產業的快速形成和不斷發展，使其成為新時期中國戰略性新興產業的重要組成部分。但是，政策制定中仍存在不少問題：

（1）優惠政策門檻高，覆蓋範圍窄。全國 39,277 家服務外包企業中，經認定的技術先進型服務外包企業累計 1,225 家，僅占 3%。政策覆蓋面過窄，對產業發展、企業擴張缺乏拉動力。

（2）現有政策的實施尚未到位，改革成本高。國務院和有關部門出抬了一系列鼓勵服務外包發展的政策。但是，由於種種原因，一些改革難以實施。例如，離岸服務外包業務的零稅率、人才培訓補貼以及撥付給一些城市的服務外包產業的支持資金減少。此外，政府審批事項多，企業申請海外併購、優惠政策的過程涉及部門多，既複雜又耗時，不僅增加了企業的成本，而且還錯失了商機。

（3）政策創新不足，推動力不足。服務外包產業的健康快速發展離不開政策創新的支撐。現有階段，中國的服務外包產業正面臨來自東南亞、印度、美國、歐洲等國家（或地區）的激烈競爭。相比之下，中國的政策支持相對不足。例如，近年來，公司稅和勞動力成本有所增加，但沒有有效的救濟措施；企業需要大量中、高端人才，但缺乏培養中、高端人才的優惠政策；企業創新，技術孵化需要研發投入，缺乏明確的研發激勵政策；企業需要通過融資和併購來做大做強，但缺乏對輕資產企業上市、融資的相關政策，缺少對以腦力為核心的服務外包型企業的境外支持；缺乏對在岸服務外包業務的更強有力的政策支持和指導，政府的一攬子採購服務政策仍需加強。

2. 市場環境

在服務外包產業的發展中，營造良好的市場環境，特別是構建信息安全和知識產權保護體系，是服務外包產業健康發展的重要條件。信息安全和知識產權保護對服務外包產業的影響主要體現以下三個方面：

（1）商業秘密保護。這是服務外包發包企業對接包企業最基本的要求。發包企業將業務流程外包出去，諸如人力資源管理、內部管理流程設計、金融和財務管理等，都會透露給服務外包接包企業相關的重要的商業信息，這些信息大部分涉及企業的商業秘密，一旦洩露，會給發包企業帶來非常重大的損失。

（2）知識產權歸屬。接包企業根據發包企業的要求提供研發或者設計服務，而非單純的產品，在研發設計過程中，需要雙方的協調和參與，這就不可避免地會產生知識產權歸屬權的問題，需要明確新的研發設計成果歸哪一方所

有，或是共同所有，以避免出現產權不清的糾紛。

（3）國民待遇。離岸服務外包涉及雙方所屬的國家或地區，這需要考慮知識產權保護的國民待遇，也就是要考慮一方的知識產權能否在另一方所在國同樣得到法律的保護。某些國家存在明顯的貿易保護主義傾向，當發生了知識產權糾紛，就會偏向於保護本國的企業，這將會影響發包企業的外包決策，從而導致客戶資源的流失。

確保信息安全和知識產權保護是服務外包產業賴以生存和發展的市場環境。近年來，中國政府不斷加強對知識產權的保護和信息安全環境的改善，採取的重要措施有力地促進了服務外包產業的健康快速發展。

2008年，國務院頒布了《國家知識產權戰略綱要》，將知識產權提升到戰略高度。在接下來的幾年裡，在全國範圍內相繼制定了知識產權戰略規劃，並加大了實施力度，取得了顯著成效。2009年，商務部、工業和信息化部出抬《關於境內企業承接服務外包業務信息保護的若干規定》，對促進行業公平競爭環境發揮了重要作用。為進一步推進信息安全立法工作，2016年國家又先後出抬《中華人民共和國網絡安全法》（以下簡稱《網絡安全法》）、《國家網絡空間安全戰略》和《三網融合方案》，明確規定網絡運行安全和個人信息保護，加強網絡信息安全監管。

隨著環境的改善，企業對信息安全和知識產權保護意識不斷增強。從2008年到2015年，中國十大服務外包公司和100家成長型企業共獲得各種專利2,839項，軟件著作權6,991項。根據世界知識產權組織最新統計報告，以中興和華為為代表的中國信息技術服務企業是全球專利申請保持強勁增長的重要推動力。

儘管中國已出抬《網絡安全法》等信息安全相關法律，但缺乏與服務外包直接相關的信息安全和知識產權保護立法。現行的部門規章和地方立法法律層級低，覆蓋面有限，影響了國際發包企業對中國的法律認可。隨著移動互聯網和雲計算等新技術的廣泛使用，發包方更加重視信息安全。信息安全已成為影響生產性服務和生活服務的主要因素。這將直接影響中國服務外包企業的國際競爭力和「中國服務」品牌質量的提升。

（五）微觀市場競爭力

1. 市場主體

經過10多年的發展，中國服務外包企業實現快速成長，主要表現在以下幾個方面：①企業數量急遽增加。2006年，全國僅有500家左右服務外包企業，規模較小，主要集中在北京、上海、深圳、大連、廣州等城市。到2010

年，企業數量增至 12,706 家，是 2006 年的 25 倍；到 2016 年，企業數量猛增至 39,277 家，幾乎是 2006 年的 79 倍，並且幾乎遍布中國所有大中城市。②公司營業額急遽上升。2006 年，僅有約 200 家服務外包公司，營業額超過 100 萬美元。2015 年，共有 3,405 家公司，營業額在 100 萬至 500 萬美元（包括 500 萬美元）；2,708 家企業營業額在 500 萬至 3,000 萬美元（包括 3,000 萬美元）；過 1 億美元的有 125 家企業，其中兩家公司的營業額超過 10 億美元。在營業額超過 1 億美元的企業中，有 79 家企業的離岸合同執行金額超過 1 億美元。③企業人員規模迅速擴大。2006 年，300 人以上的企業不到 100 家，2015 年增加至 4,078 家，大約占企業總數的 12.1%。其中 300 至 1,000 人的企業有 2,859 家，占 8.4%；1,000 至 5,000 人的企業有 1,050 家，占 3.1%；5,000 至 10,000 元的企業有 103 家，超過萬人企業有 66 家。④市場主體多元化。目前，中國的服務外包市場主要以民營企業和外資企業為主。2015 年，私營企業占 58%，因其機制靈活，市場敏銳，為中國的服務外包產業注入了巨大的活力；外商投資企業和港澳臺投資企業占 22.6%。主要包括跨國公司在中國建立的技術、共享服務和交付中心；國有及國有控股企業占 3.2%。隨著國有企業信息技術職能部門的發展，逐步從集團內部剝離，成為獨立的法人實體，國有及國有控股型服務外包企業呈現增長趨勢。

儘管中國服務外包企業發展迅速，但是依然存在規模偏小、產業集中度低等問題。主要表現在：①公司的規模偏小。目前，中國的服務外包企業主要是 100~300 人的中小企業（2015 年，不到 300 人的企業占企業總數的 88.18%），其營運能力、營銷和專業服務有限，缺乏強勢龍頭企業，影響整個行業整體競爭力的提升。到目前為止，中國的服務外包企業尚未進入世界前十。2015 年，中國前三大服務外包公司的總營業額為 25.09 億美元，僅為印度前三大服務外包公司總銷售額的 1/13，2015 年，中國十大服務外包公司共有 1,528 萬名員工，還抵不過印度一家企業的人數。②人均營業額偏低。2015 年，中國十大服務外包公司的人均業務量從 2011 年的 3.37 萬美元下降至 3.15 萬美元，連續五年下降至 3 萬到 3.4 萬美元，低於印度的同類公司。2015 年，印度三大服務外包公司的人均營業額約為 4.6 萬美元。③行業集中度低。2015 年，印度三大服務外包公司的總銷售額占印度服務外包產業總規模的 23.6%。中國十大服務外包公司的總營業額僅占中國服務外包產業總規模的 4.99%，產業集中度明顯偏低。④規模不經濟。中國服務外包企業受到人力成本、行政成本、匯率變動、稅費等各種因素的制約，並未獲得規模擴張後成本下降的好處，處境相對艱難。

2. 產業集聚度

各地政府非常重視服務外包產業的發展，積極舉辦各種活動、採取各類手段推銷地區服務外包發展特色，然而從目前中國各地的服務外包產業宣傳內容來看，城市差異明顯，這不利於中國形成一個整體面向國際外包市場的品牌形象。此外，由於部分城市將服務外包招商納入政府年度工作考核，行政影響的過度施加導致中國各地產生區間惡性同質競爭，帶來資源嚴重浪費的同時又傷及中國服務外包的整體產業利益。

3. 在岸市場潛力

中國服務外包一開始主要以承接離岸業務為主，2006 年以前在岸業務基本為零。在國家政策的指導和支持下，離岸服務外包帶動在岸服務外包快速發展起來，2011 年，在岸服務外包合同執行金額達到 85.6 億美元，占服務外包總業務額的 26.4%。「十二五」以來，國內需求市場不斷釋放，在岸業務增長速度明顯。2015 年，在岸服務外包額超過 320 億美元，是 2011 年的 4 倍，高於同期離岸業務增長率 11 個百分點，占服務外包業務額的比重增至 33.1%。中國服務外包產業逐步進入離岸和在岸協調發展的新階段。


**註釋：**

[1]《全球競爭力報告》競爭力排名主要是基於世界經濟論壇在 2004 年推出的全球競爭力指數（GCI）。該指數將競爭力定義為制度、政策以及決定一國生產力水準的各種要素的綜合，並根據各國在下列十二項指標上的表現進行打分：制度建設、基礎設施、宏觀經濟環境、衛生與初等教育、高等教育和培訓、商品市場效率、勞動力市場效率、金融市場發展水準、技術就緒度、市場規模、商業成熟度以及創新水準。這十二項指標是決定一國競爭力的主要依據，它們共同反應了一國競爭力的全貌。

[2] 國家發展改革委、外交部、商務部 2015 年 3 月 28 日聯合發布了《推動共建絲綢之路經濟帶和 21 世紀海上絲綢之路的願景與行動》。

[3] 數據來源：世界銀行 WDI 數據。2010—2014 年全球服務貿易占 GDP 比重分別為 11.66%、11.79%、11.94%、12.37%、11.46%。

[4] 數據來源：中華人民共和國商務部網站。

# 第六章　全球價值鏈分工下中國服務外包產業高質量發展戰略及政策建議

## 第一節　國外服務外包發展模式與經驗借鑑

### 一、新興服務外包國發展模式比較

20世紀90年代以來，服務外包推動了全球新一輪國際產業轉移，也為發展中國家發展服務貿易、提高對外貿易的質量和效益提供了機遇。印度、愛爾蘭、菲律賓、墨西哥、俄羅斯等國家正是充分發揮了各自的比較優勢，迅速發展成為亞洲、美洲、歐洲承接離岸服務外包的中心。

通過研究新興服務外包國的發展模式（見表6-1），我們可以知道，印度的服務外包發展模式是發端於低端，以信息技術外包為主要業務內容，完全依賴國外市場；愛爾蘭的發展模式是根據國際市場的需求，主攻非品牌軟件產品和服務出口；菲律賓的發展模式是提供低端技術性的軟件外包服務，大力發展呼叫中心；墨西哥的發展模式是以發展軟件與信息外包業務為主要內容；而俄羅斯的服務外包走的是高端路線，具有強勁的競爭力。

在印度、愛爾蘭、菲律賓、墨西哥的服務外包產業發展過程中，一方面得益於語言優勢，在這一點上中國比較欠缺，所以多向英語水準要求相對低的服務外包領域發展，如產品開發及採購服務等。另一方面也得益於政府政策的支持。儘管勞動力成本是服務外包考慮的一個非常重要的因素，但是像愛爾蘭並不具備低勞動力成本的優勢，但其承接競爭力仍然很強。

表 6-1　新興服務外包國發展模式比較

|  | 印度 | 愛爾蘭 | 菲律賓 | 墨西哥 | 俄羅斯 | 中國 |
|---|---|---|---|---|---|---|
| 優勢 | 質量控制嚴格，與國際化標準接軌；人才儲備豐富；政府有力支持；仲介組織的積極助推；語言優勢 | 政府保障體系完善，大量的資金支持；健全的教育制度和培訓體系；語言優勢；以軟件本地化為起點，提高自身研發能力 | 語言環境和歷史背景良好；政府大力支持；經營成本低廉；戰略性的地理位置 | 地理位置優越；政府大力支持；低勞務成本；語言優勢 | 政府政策支持；人才儲備雄厚 | 內需旺盛，能抵禦國外需求萎縮的衝擊；勞動力優勢；政府大力支持；穩定的政治、經濟、投資環境 |
| 劣勢 | 過度依賴歐美市場；成本優勢減弱，內憂外患阻礙發展；基礎設施落後；貨幣升值 | 開發人員質量低，人力成本高；外資企業在軟件產業中占主導；質量認證重視不夠 | 腐敗和人才缺失；教育相對落後 | 缺乏高等級的外包服務商；專業人才供給不足 | 產業規模不夠大；配套設施不完善；知識產權保護力量薄弱 | 兼具英語和軟件開發能力的高端人才缺乏；產業集中度低；企業規模較小；法律體系不完善 |
| 主要市場 | 歐美市場為主，美國市場為最大客戶 | 壟斷歐洲市場、英國市場份額最高，其次是美國市場 | 以美國為主，還包括日本、韓國和歐洲國家 | 以美國為主 | 以西歐市場為主 | 以日本、韓國市場為主，歐美市場規模不斷擴大 |

## 二、國外服務外包產業政策的特點

如前文所述，服務外包作為新的經濟增長點，對經濟社會產生了深刻的影響，具有明顯的「動態利益效應」，即促進經濟增長、就業擴大、技術進步及產業升級的效果。因此，政府對於發展服務外包產業非常重視，通過推動服務外包產業的發展，以使其積極作用能更大發揮出來。特別是發展中國家，要想真正擺脫「低端道路」的束縛，只有培育或購買稀缺要素資源，改變生產要素的供給結構，形成擁有高級生產要素的稟賦優勢，才有可能實現服務外包價值鏈的升級。這些僅僅靠企業自身努力遠遠不夠，還需要政府制定一系列有針對性的政策措施。從國外服務外包產業發展的各種政策來看，其呈現以下特點：

（一）發揮扶持效應，重視規範限制

從一些國家比較典型的案例我們可以知道，政府政策的首要效應是扶持效

應。比如，印度政府從20世紀80年代開始撥專款用於開拓國際市場，召開「印度軟件會議」，舉辦各種研討會和展覽會，組織大規模專項研究，孵化一批規模較大、接包能力較強的服務外包企業。值得注意的是，由於不同的國家所處的發展階段以及所面臨的國內外環境差別較大，因此在實施扶持政策時候，應該因地制宜地採取相應的手段和措施。

除了在政策上扶持外，各國政府同樣重視對服務外包產業的規範引導和限制。比如，愛爾蘭相對完善的法律體系為其高新技術產業的發展提供了重要保障。愛爾蘭實施的《電子商務法》，針對高新技術產業發展中存在的盜版問題，加強了對知識產權的保護力度，打擊了侵權行為，為服務外包企業保駕護航。又比如，印度通過國會立法，建立的服務外包的質量認證體系，發揮政策的規範效應。印度大多數外包企業均通過了ISO9000國際質量認真以及CMM質量體系認證，使之成為軟件企業獲得認證數量最多的國家之一。

(二) 注重政策強化，確保政策配套和持續性

產業政策不僅要適應經濟發展階段對於產業發展的要求，而且應該突出一國經濟發展的特點，以確保其有效性。從幾個國家發展服務外包的政策來看，要想政策效果明顯，應該注重政策的強化作用。舉例來說，歐盟國家的法律對於解雇工人做出了嚴格的限制，這些國家的企業為了提高國際競爭力，往往採取間接外包的模式，成立新的服務母公司的外圍事業部，母公司將非核心業務外包給該外圍事業部來完成，既避免了裁員的限制，又能集中優勢資源發展核心業務。歐盟不少國家為了確保這種間接外包模式能取得成功，通過修訂法律來強化這一政策，為服務外包發展鋪平了道路。

為了確保產業政策有效，不僅要根據不同的經濟發展階段制定適用的產業政策，還要突出當地的經濟文化特點，體現政策的強化作用。比如，在歐洲，對於企業而言解雇工人會受到法律的限制，則企業可以利用間接外包的方式，將企業相對低端的業務整合起來，並且成立一個外圍事業部，通過外圍事業部來為總公司提供外包服務。這既解決了人員裁減問題，又能提升總公司的競爭力，專注於高端價值鏈的生產。歐盟不少國家都通過立法來認可這一間接外包模式，強化了產業政策。

作為新興服務外包國，印度、愛爾蘭、菲律賓、馬來西亞、越南等都非常重視產業政策的綜合配套性。通過一系列的「組合拳」，增強政策的協調性、統籌性，防止政策片面性。此外，服務外包產業較為發達的國家在制定服務外包產業政策時都很注意政策的持續效應。主要表現在以下兩個方面：一是政策要連貫。「穩」是服務外包產業發展的基礎，連貫性的政策有利於企業增強信

心，更好地貫徹政府意圖。二是政策要遞進。只有堅持科學發展，與時俱進，才能不斷地豐富產業政策的內涵，適應新時代高質量發展的需要。

### 三、國外服務外包產業政策的經驗

（一）政府主導以加強開拓服務外包國際市場

政府往往通過建立政府間長效合作機制來幫助服務外包企業開拓國際市場。以印度為例，印度政府在雙邊經貿合作機制下，設立「服務外包工作組」，落實政府間合作協議，為開拓國際市場掃清障礙。通過仲介機構將企業集中起來，定期到英、美等發達國家市場開展推介活動。由其駐外使館負責協調當地的機構、知名企業，召集供需雙方見面。

（二）以制度改良尋求助力創新，以產業政策助推企業有機整合與自主創新

政府在推進服務外包發展過程中，「非技術因素」——制度創新起到了關鍵性的作用。以印度為例，印度從20世紀80年代開始進行了經濟改革，轉向「以企業為中心」和「以市場為中心」的制度安排。主要體現在：利用印度歷史文化優勢，大力推進高等教育市場化改革，注重服務外包國際化人才培養；完善企業制度，改善企業發展環境，推動企業國際合作，保護中小企業競爭力。這些制度建設反應了政府宏觀管理能力，有利於服務外包產業發展，有利於服務外包企業國際競爭力的提升。

（三）積極參與國際分工以實現生產的國際化，培養與引進相結合以實現人才的國際化

積極主動地參與國際分工是發展服務外包的重要途徑。印度政府實行「出口導向型」發展戰略，為印度服務外包企業與世界接軌提供了機會，在承接發達國家服務外包的過程中，不斷成長壯大。此外，服務業的競爭歸根到底是人才的競爭，國際化的人才隊伍不僅可以提供更好的產品還能帶來更高的企業管理水準。印度軟件業迅速發展的重要原因，便是擁有大量英語熟練的高素質「軟件藍領」。

（四）始終強調與服務外包相關的知識產權保護

與服務外包相關的知識產權保護是服務外包產業發展的基本保障。承接服務外包的企業必須將其營運機制納入全球法律框架下。發包方會要求承接方提供一整套的解決方案和完整的應用系統，對承接方軟件開發與維護方面的能力有相當高的要求，其中最重要的就是關於信息安全和知識產權的保護。在近幾年的金融外包案例中，客戶數據洩密的事件屢見不鮮，因此保護這些含有商業機密的軟件項目和軟件版權，是為客戶提供滿意服務的前提。為此，各國政府

都在積極構建與國際接軌的法律制度，如印度政府就要求企業全面接受並達到國際知識產權標準。

## 第二節　中國服務外包產業高質量發展戰略的基本框架

**一、戰略目標**

戰略，是一種從全局考慮謀劃實現全局目標的規劃，制定戰略首先要考慮如何定位，如何整合資源，結合自身競爭優勢來選擇合適的方法取得全局性勝利。戰略的制定是一個長期的政策過程，需要仲介目標加以輔助實現，所以戰略目標可以體現為以下幾個層次：

（一）最終目標

一國產業開放戰略的總體目標是保持現有全球分工體系中的地位，並且在動態調整中不斷地提升自身的實力和地位。因此，就這個角度來看，在全球價值鏈分工下，中國服務外包產業開放發展戰略的核心是在新的國際分工體系下進一步擴大現有優勢，積極開拓國際市場，建立良性互動關係，創造更多的發展機會。

1. 維持現有地位

全球價值鏈分工體系的特點是工序分工和網絡化分工，其實質是各個國家展開在全球價值鏈上的不同區位的工序分工。從理論上，這種分工方式以比較優勢為基礎。中國服務外包產業憑藉勞動力和資源優勢，以全球價值鏈低端勞動密集型和資源密集型工序的生產切入全球分工體系中。而發達國家則憑藉資本和科技優勢，長期占據著高端的資本密集型和技術密集型工序的生產。在這種分工模式下，儘管關係相對穩定，但中國明顯處於不利的地位。

因此，在短時間內，如果通過保護國內產業價值鏈的完整性和國內價值鏈高端工序由國內生產的方式，擺脫這一不利局面，並非長遠之計。全球價值鏈的形成、鎖定理應是市場主導的結果，只有具備競爭力的國家或企業才能實現在全球價值鏈上的定位、生產。靠保護形成的國內價值鏈缺乏自生能力，沒法面對國際市場激烈的競爭，極易崩潰。所以，作為發展中國家，中國服務外包產業應該立足現有分工條件和利用現有優勢，盡可能地先融入全球價值鏈分工體系中，有效維持現有的貿易利得，為下一步長期的動態調整和提升打下良好基礎。

2. 形成良性互動

國際分工就是通過各國專業化分工和生產，從而實現世界整體福利水準的提高。一國與他國間的分工關係決定了該國在國際分工體系中地位的持久性和穩固性，關係到該國在全球生產網絡中的定位、升級問題。因此，中國服務外包產業要想進一步融入全球價值鏈分工體系，並在全球價值鏈分工體系中維護分工地位，繼續獲取貿易利益，就必須與他國建立起良好的工序分工和生產合作關係，並形成分工和貿易關係的良性互動。

中國應該處理好以下三層關係：①與發達國家之間的國際分工關係。作為發展中國家，必須立足現有比較優勢，開展服務外包。一方面要通過承接國際服務外包，積極承接發達國家外包和轉包的工序區段，另一方面要努力實現國內承包工序生產的成本降低和效率提升，以實現承包工序經濟行為的長久性。②與同為新興市場國家的國際分工關係。中國與其他服務外包新興市場國之間具有相似的比較優勢，在承接發達國家服務外包過程中呈現明顯的競爭關係。但是，彼此之間仍然可以利用各國的差異性開展分工，將經濟基礎的互補轉化為實際國際經濟合作和國際生產協作的互補關係，提高生產效率，實現雙贏。③與其他落後發展中國家之間的國際分工關係。由於歷史原因，一些相對落後的發展中國家，比如非洲國家，儘管還未有效地融入全球價值鏈分工體系中，但是這些國家資源豐富，人力成本低廉，具有非常巨大的發展潛力。中國應該積極與之開展合作，將一部分失去優勢的服務工序轉包給這些落後國家，不僅可以幫助這些國家發展經濟，而且也能使自身在全球生產網絡上實現地位攀升，產生共贏。

3. 尋求發展空間

如前所述，中國雖然憑藉資源和勞動力比較優勢融入了服務外包分工體系中，但是與發達國家相比，在全球價值鏈分工中的地位依然屬於中低端，面臨「低端鎖定」的困境，要想有所突破，實現分工地位的提升和貿易利益的升級，就必須在全球價值鏈分工體系中尋求更加廣泛和發展空間。

全球生產網絡中，中國要尋求發展空間必須充分利用國際和國內兩個市場、兩種資源。在國際市場方面，中國要積極與發達國家、新興市場國家以及相對落後的發展中國家之間建立良好的全球價值鏈分工關係。通過服務外包的技術外溢效應，推動國內的技術模仿和技術創新，為本國服務外包產業在全球價值鏈上攀升奠定基礎。在國內市場方面，首先，扶持生產性服務業的發展，實現國內市場對生產價值鏈發展的促進作用；其次，應該充分利用國內服務外包中心城市的優勢互補，形成價值鏈在國內的延展；最後，要注重服務外包產

業集群的扶持，搭建地區開放創新平臺，提升國內產業價值鏈中地位的效率以及降低成本，從而推動服務外包產業的動態演進和創新發展。

(二) 仲介目標

產業開放戰略仲介目標指的是具體要達到的目標，即戰略實施效果基本的評價維度。基於貿易理論的邏輯，一國參與服務外包的直接目的就是通過國際分工獲得貿易利益。從這個意義上講，如何提升服務外包的貿易利益則是評價產業開放戰略實施效果的基本考量點。從前文的分析中我們可以看到，全球價值鏈分工下對於貿易利益的界定與傳統的貿易分工體系下有了巨大的差異。因而，基於新的框架下對於貿易利益的界定，服務外包產業發展戰略的仲介目標表現在如下四個方面：

1. 實現經濟增長利益目標

充分發揮服務外包在中國經濟轉型升級中的作用，實現中國經濟保持中高速增長的目標。推動服務業在發展理念、經營模式、管理流程等方面的創新，尋求服務外包發展的新模式、新增長點。通過上海等自由貿易區建設、加強在岸外包市場和離岸外包市場，東中西部地區之間的協調互動，提升服務外包產業競爭力，實現全產業鏈、全價值鏈一體化發展的目標。

2. 實現就業利益目標

充分發揮服務外包在擴大就業方面的作用，加強服務外包各類人才培養培訓。加強中高端人才隊伍建設。引導大學生創新創業。積極開展互動式人才培養，支持符合條件的服務外包企業通過開展校企合作錄用高校畢業生，積極吸納大學生就業。

3. 實現技術進步利益目標

充分發揮服務外包技術溢出作用。大力引導企業提升研發創新水準，在集成設計、綜合解決方案及相關技術項目等研發上提供專項基金支持。發揮服務外包龍頭企業在技術研發上的輻射作用，鼓勵中小型服務外包企業研發專有技術，提高服務外包企業的專業服務能力和水準。然後通過示範效應和波及效應提升服務產業整體技術水準，實現價值鏈中位置的攀升，打破產業升級的路徑依賴，使中國成為技術強國。

4. 實現產業結構升級利益目標

一國可以實行服務外包產業扶持的戰略，通過政府和制度性因素影響國內服務外包產業在全球價值鏈上進行攀升，打破低端服務工序的鎖定，調整服務外包產業結構，加快服務業轉型。提高服務外包業務的技術含量和附加值，促進服務外包向產業價值鏈高端延伸。發揮服務外包示範區和服務外包專業園的

集聚效應。大力發展服務外包重點領域，鼓勵金融機構將非核心業務外包，加快向基於「互聯網+」、雲服務、大數據等技術的知識密集型業務升級。

## 二、戰略思路

### （一）定位戰略

根據貿易理論，兩國間的國際分工與專業化是產生國際貿易和世界市場的前提，而國際分工的基礎是比較優勢，各國所具有的比較優勢決定了其在全球價值鏈中分工地位的不同。在服務外包生產決策中，要素成本仍然是其核心影響因素，因此基於要素稟賦的靜態比較優勢戰略仍然是中國參與全球服務外包分工的基本戰略。

所謂「定位戰略」，即根據自身的比較優勢，主要是勞動力和資源優勢，積極承接發達國家服務外包，通過參與全球服務外包分工盡快融入全球服務生產網絡之中。一國經濟發展水準和資源稟賦狀況決定了其在國際分工的地位，根據「國際分工階梯理論」[1]，中國處於國際分工體系的第三階梯，這是服務外包轉型戰略的邏輯起點和現實基礎。新興市場國家應該立足於所處的階梯狀態，定位於勞動密集型和資源密集型服務工序的生產。這既能解決現實就業問題，又能尋求在全球服務外包體系中的進一步發展和地位提升。

整體而言，發達國家是主要的服務外包發包國，而發展中國家是承接國，雙方仍然以垂直型分工為主，但是這種分工模式所依賴的比較優勢發生了一定的變化。首先，發展中國家與發達國家技術優勢的差別在縮小。經濟全球化的背景下，發展中國家通過承接發達國家的服務外包獲得了大量的技術累積，相互之間的技術滲透不斷加深，使得自身總體科技水準不斷提高。各國在技術上都具有相對的優勢，譬如，以色列的信息安全技術、日本的機器人和光電技術、中國的航空航天技術，等等。這種相對的技術優勢使得不同國家間的技術依存度提高，相互之間產生了大量的高技術產業的服務外包需求。其次，發達國家與發展中國家之間人力資源的優勢在逐漸縮小。研發人力資源實力是技術創新能力的集中體現，一直以來，發展中國家和發達國家之間存在明顯的「技術鴻溝」，創新人力資源方面有較大的差距，近年來隨著發展中國家高端技術人才培養的加強，這方面的差距在不斷地縮小。這也是促成跨國公司服務外包轉移不可忽視的因素，越來越多的跨國公司開始將高端服務外包環節向新興市場國家轉移。

但從目前來看，發達國家在全球價值鏈的高端比較優勢依然明顯，而發展中國家的比較優勢主要還是在中低端。以設計外包為例，發展中國家往往缺乏

汽車、飛機以及電子產品等核心關鍵設計以及大型建築項目設計的能力和水準，只能向發達國家購買相應的服務外包；反過來，發達國家也會將非核心的設計部分外包給專業設計公司，由發展中國家來承接相應的設計外包。這兩種情況均說明了基於比較優勢的差異，發達國家和發展中國家都可以根據設計外包中不同的環節，選擇承接高端環節或者是中低端環節。

(二) 攀升戰略

離岸服務外包在初始階段，根據資源稟賦或勞動生產率的差異等外生比較優勢以及傳統或其他非經濟性因素選擇服務外包方式，這種選擇依賴的是靜態的比較優勢。隨著比較優勢與產業內分工的互動作用，不斷產生新的比較優勢，推動比較優勢的動態發展。這種內生的比較優勢構成了離岸服務外包的新基礎。比較優勢的動態演化與國際分工形成了一種互動，並成為一種自發的趨勢，推動服務外包的發展進程。

從基本面來看，要素結構升級、技術水準進步和國內分工深化是一國服務外包產業在全球價值鏈上攀升的主要條件。其中，要素結構的升級是比較優勢動態演進的具體表現，技術提升和分工深化則是內生比較優勢的培育與生成。中國發展離岸服務外包，是以靜態比較優勢加入服務外包分工體系中並從中獲益。然而對靜態比較優勢的過度依賴會導致服務外包產業發展的靜態化，從而使得服務外包產業陷入了所謂的「比較優勢陷阱」（comparative advantage tramp），最終失去競爭優勢。因此，只有在靜態比較優勢的基礎上，尋求動態和內生比較優勢的演進，實行服務外包的「攀升戰略」，才能實現中國服務外包產業質量提升和持續發展。

由此，全球工序分工體系下服務外包的「攀升戰略」的實質是新興市場國家在實施「定位戰略」之後，通過動態比較優勢演進以及對現實要素內生比較優勢的培育，利用政府的產業政策，扶持國內企業進行服務外包環節的升級，實現本國服務外包產業在全球價值鏈上形成動態攀升。通過前文對影響因素的分析，中國需要進一步發揮比較優勢的方面：服務外包中高端人才優勢、服務外包產業集群優勢、服務外包規模經濟優勢，等等。

(三) 控制戰略

在全球服務外包體系中，全球價值鏈成為企業之間聯繫和競爭的平臺，發達國家轉移方占據著產品研發和核心部件生產等高附加值環節，新興市場國家只能承接一些低附加值的環節。發達國家轉移方利用專業分工優勢，建立全球營運體系，構建全球營銷和售後服務網絡，整合資源以實現利潤的最大化。

所謂「控制戰略」實質就是通過重構價值鏈的競爭戰略。在新一輪離岸

服務外包中，技術創新和管理模式更新的速度不斷加快，企業獨立完成核心業務的成本也在不斷地增加，新技術的獲取能力難度加大。因此，越來越多的企業開始通過服務外包的形式，借助外部資源來使用新管理模式，輔助完成核心業務流程。這給新興市場國家和發展中國家實現「控制戰略」提供了巨大的機遇。新興市場國家和發展中國家以承接服務外包方式融入全球價值鏈中，通過與跨國公司的合作與學習，不斷完成產品升級和流程升級，來實現對全球價值鏈的領導和控制。這種領導和控制體現在營銷網絡和銷售體系的建立，核心技術的開發和品牌的建設，既可以立足本國市場又可以借助發包方的全球採購和營銷網絡來實現向高附加值環節的升級。總之，「控制戰略」是由雙方的現實地位所決定的，也是在全球分工中各自發揮競爭優勢的必然結果，是新興市場國家「避開」與發包方的正面衝突為導向的。

因此，中國要實現在全球服務外包體系中的控制戰略，必須提升中國服務外包企業的國際競爭力，做大做強服務外包企業，通過對全球價值鏈進行有效治理，牢牢掌控住核心業務和關鍵技術，推動中國服務外包產業高質量轉型和發展。

## 第三節　推動中國服務外包產業高質量發展的政策建議

### 一、推進創新驅動

當前，全球經濟處於重要變革期，基於雲計算、物聯網、大數據、人工智能的數字經濟進入了發展的快車道，產業變革的速度也在加快，各種新業態和新模式方興未艾，傳統產業在數字經濟中不斷尋求突破，以技術創新應用為核心驅動力的服務外包產業，將成為各國發展數字經濟、實現創新增長的重要引擎。

（一）抓住重點領域精準發力

為了加快服務外包產業的創新，應該明確產業發展導向，優先發展高技術、高附加值的服務外包業務，在信息技術、業務流程和知識流程外包服務中，選取重點發展的領域（見表6-2），在軟件和信息技術等生產性服務外包領域、文化創意等生活性服務外包領域、金融服務外包等方面同時發力。

表 6-2  服務外包重點發展領域（23 個）

| 類別 | 信息技術外包（ITO） | 業務流程外包（BPO） | 知識流程外包（KPO） |
| --- | --- | --- | --- |
| 所屬領域 | 軟件研發服務；<br>集成電路和電子電路設計服務；<br>電子商務平臺服務；<br>信息技術解決方案服務；<br>信息技術營運和維護服務；<br>網絡與信息安全服務；<br>雲計算服務；<br>人工智能服務 | 內部管理服務；<br>互聯網營銷推廣服務；<br>呼叫中心服務；<br>供應鏈管理服務；<br>金融後臺服務；<br>維修維護服務 | 大數據服務；<br>管理諮詢服務；<br>檢驗檢測服務；<br>工業設計服務；<br>工程技術服務；<br>服務設計服務；<br>文化創意服務；<br>醫藥和生物技術研發服務；<br>新能源技術研發服務 |

資料來源：服務外包產業重點發展領域指導目錄（2018 年版）。

（二）加大創新投入和技術變革

技術創新是企業贏得市場的關鍵，隨著無線移動、社交網絡、雲計算等技術的開發、應用和推廣，客戶最關心的是產品體驗。應該加快建立以市場為導向、以企業為主體的技術創新體系，實施研發獎勵計劃，提高企業在產品、技術和商業模式方面的研發水準。

首先，將技術引進和自主創新緊密結合，充分利用現有的研究成果，通過消化、吸收、擴散以及再創造，實現技術的突破和創新，從而節約企業的研發成本和研發時間，提高技術創新的效率。

其次，將學習和激勵融入技術創新中，鼓勵企業通過內部文化建設，提高從業人員的素質和能力，形成創新自覺。通過學習和模仿同行，實現技術外溢，提高企業的生產效率。

最後，重視企業的管理創新，通過商業模式的柔性化以及管理流程的再造，提高企業的適應性，建立高效、標準化的管理體系和完善的服務交付系統。總之，通過技術創新和模式創新獲取競爭優勢，切實提高中國服務外包產業發展水準、實現「成本導向」向「價值導向」轉變。

（三）加強服務外包園區的創新能力建設

服務外包園區首先是一個創新區，以文化創新和科技創新為核心，通過構建研發和服務體系，實現服務外包模式創新。創新能力建設不僅體現在服務外包產業以及相關業態，還體現在園區的空間佈局和服務。其次，服務外包園區還是一個產業集聚區，可以有效降低交易成本，實現資源共享與互補。因此，應該提高園區企業合作機會，讓領先創新企業能夠分享信息和知識，推動其他企業技術創新和升級，提高企業創新和市場能力，實現並發揮服務外包相關業

態的集聚效應。園區創新能力建設需要以信息網絡化為核心，將人工智能滲透到園區經營、管理、服務的各個方面。提供創業孵化、人才培養與服務、品牌拓展、知識產權保護、科技金融、信用評估等服務，在硬件設施、管理及服務上能根據企業需要提供定制化服務。

(四) 強化服務外包標準體系建設

企業參與各種質量認證體系，也是提升其品牌價值的重要路徑。通過某種權威認證是目前全球比較公認和通用的判斷企業質量和能力的方法，也意味著企業具備了相當的自身管理能力、技術開發能力、執行能力和服務能力。只有這樣，才能承接更多高端的國際市場的外包業務，實現國內與國際市場的對接。也只有通過國際公認的認證資格，才能提高品牌認知度，提升「中國服務」的地位。政府應該採取差別化的政策，鼓勵更多的軟件企業參與並通過各種質量認證，對通過認證的企業給予一定數額的評估、認證、審計費用補貼。企業獲得認證的評價體系越權威、通過的等級越高，補貼的比例與額度越高。政府還可以通過服務外包公共信息平臺宣傳和推介企業，幫助企業打開知名度。

## 二、培育服務外包企業生態

服務外包產業的發展壯大，離不開微觀主體的成長。商務部統計數據顯示，2012—2017年，中國離岸服務外包年均增長近20%。2017年，中國新增服務外包企業4,173家，服務外包企業隊伍持續壯大。為了進一步培育壯大市場主體，中國需要進一步加強政策扶持力度、改善營商環境，創造吸引要素集聚的條件，優化服務外包企業生態圈。

(一) 完善服務外包政策體系

1. 完善稅收優惠政策

著力解決政策目標不明確、針對性和可操作性不強等問題，降低認定標準，提高政策實施的效果。比如，對於技術先進型企業的認定，為了確保政策落到實處，中國必須從實際出發界定相關標準，讓服務外包企業能夠享受到稅收政策的支持。

2. 擴大政策覆蓋範圍

就目前而言，服務外包示範城市享有了國家大部分的政策優惠，但是除了這些城市以外的其他省市對於發展服務外包也頗具熱情，服務業是未來產業轉型發展的趨勢，也是新的經濟增長點。如果只對示範城市提供優惠政策，則會減弱其他省市的熱情，不利於服務外包產業整體水準的提高。所以，產業政

的適用範圍應該逐漸向有發展條件的其他省市覆蓋。

3. 加大財政支持力度

可利用財政資金槓桿和基金等市場化方式，引導社會資本積極進入服務外包行業，同時加大對於服務外包企業的各項投入，刺激服務外包出口。財政資金應該向國際服務外包業務傾斜，在外包研發、人才培訓等方面優先提供資金安排，不斷改進支持方式。

4. 加大對中西部的傾斜力度

總體來說，中西部地區服務外包產業基礎相對薄弱，作為西部大開發和「一帶一路」的節點城市，可以在市場准入、離岸標準、稅收等方面實施適當寬鬆的政策。

5. 完善投融資扶持政策

對於金融機構和保險機構，政府應該創新監管政策，鼓勵金融、保險等機構開放符合服務外包產業特色的產品，比如知識產權質押等。保險機構擴大出口信用保險規模和覆蓋面，提高承保和理賠效率。引導政策性金融機構支持實力較強的大型外包企業開拓國際市場、開展境外併購及服務外包重點項目建設等業務，支持對中小企業的融資擔保服務。支持企業多渠道的融資，可以通過股權融資的方式或者通過債權融資的方式擴大融資規模。

6. 完善貿易便利化政策

為了更好地促進服務貿易的開展，提高離岸服務外包通關便利化水準，相關部門應簡化各種審批手續和管理程序，提供服務外包企業的外籍中高端管理和技術人員出入境便利和居留便利，為企業開展國際服務外包活動提供便利，如網絡接入和國際線路租賃。此外，支持服務外包企業使用人民幣跨境結算，降低外匯風險。

(二) 優化營商環境

1. 建立服務外包監管體系

在監管政策制定上，中國可以採取內外部相結合的方式，由政府、企業、協會等三方參與。首先，採用分類及列舉的方法，界定服務外包的種類範圍，並經過監管當局的批准。在確定監管標準時，做到安全性和逐利性的平衡。其次，在內部要適當授權程序、嚴格審查服務商的相關業務經驗、財務狀況、履行外包合同的能力和信用狀況、經營管理水準等。再次，應確保所接觸客戶信息和銀行商業秘密的安全性。最後，就外包過程中的各種意外情形建立必要的應急措施。事先設計好相應的應急計劃和定期的測試備份系統計劃。

從行業管理來看，充分發揮服務外包行業協會的作用。一方面，要加強行

業自律。強化服務產品的標準化，使產品生產和消費更加規範，進一步提升服務外包的質量。另一方面，發揮行業仲介服務作用。加強與其他仲介組織之間的溝通合作，促進企業做大做強，形成服務外包產業合力。對外大力幫助企業建立良好的國際聲譽，塑造服務外包企業整體形象。組織各種交易會和大型國際活動，為會員提供交易的便利。對內協助政府做好產業規劃、服務外包產業園區建設，與職能部門積極溝通，為企業爭取更有力的營商環境，積極推進企業認證，加強企業間的合作。

2. 健全服務外包保障體系

（1）信息安全和知識產權保護體系。完善服務外包信息安全和知識產權保護方面的法律法規，杜絕洩露國家秘密、危害國家安全等違法行為，切實保障國家安全。加強執法監管，切實保障服務外包企業版權、專利、商標等知識產權不受侵害。推動服務外包企業信用體系建設，約束企業市場行為，提高企業誠信水準。

（2）服務外包公共服務平臺建設。政府應該提高公共服務水準，一方面應該經常發布國際國內市場動態和政策信息，幫助企業及時瞭解國外行情和政治風險，另一方面應該聯合行業協會搭建國際交流平臺，為國外跨國公司轉移服務外包業務提供便利。同時，大力支持服務外包企業在境外開展業務，發布風險預警，提供指導協調，降低企業境外的投資風險。

（3）加強統計分析體系建設。首先，構建合理的統計體系。科學界定服務外包範疇，制訂明晰的統計指標。其次，加強統計信息共享。定期發布服務外包統計數據、加強與其他組織機構的信息合作。最後，強化統計的監督職能。利用服務外包統計數據，進行產業監測和預警，輔助行業研究和宏觀決策。

（三）提高企業國際競爭力

一是進一步放寬市場准入條件，吸引國外企業進入中國，提供教育培訓、醫療健康、研發設計、信息技術、專業諮詢、財務結算等高質量服務，同時向本土企業發包。二是主動出擊，積極通過在海外設立分支機構來尋求有效的合作，提升本土企業的國際競爭力，實現服務外包企業真正走出國門，與國際知名企業同臺競爭。三是鼓勵已具規模的企業通過併購國內或海外規模相對較小的一些企業來實現迅速擴張，同時鼓勵大企業之間強強聯手進行資源整合，實現優勢互補，逐漸創立品牌。

三、強化複合型人才培養

一國在價值鏈分工中的地位取決於要素收益，而要素收益的大小由要素稀

缺程度來決定。中國只有培育服務外包所稀缺的高級要素，擁有專業化、國際化、高端化的人力資源，才能夠謀求更多的貿易利益，提升全球價值鏈分工地位。

（一）注重發揮高等教育的基礎性和支撐性作用

鼓勵高校在專業設置方面進行改革。高校可以根據服務外包的類型，設置信息技術外包、業務流程外包、知識流程外包專業方向，也可以在原有專業基礎上開設服務外包專業方向。支持高校自主設立服務外包相關專業，主要涉及新技術和新業態發展的重點領域以及針對「一帶一路」沿線國家的小語種人才的培養。

引導地方高校根據本地區的經濟發展水準和產業發展變化，調整人才培養結構，加快不同層次的應用型、複合型、創新型人才培養。地方本科院校主要培養具備一定理論素養和較強實踐能力的應用型人才；高職院校主要培養專業化的技能型人才。高校要把創新創業教育納入人才培養方案中，使學生掌握基本的創新創業知識，培養創業精神、鍛煉創業能力。

（二）建立創新創業與技能人才培養相結合的培訓機制

發揮服務外包企業和培訓基地、培訓學院的作用，共同推動崗位培訓、委託培訓、崗前培訓、定制培訓、線上線下培訓等多樣化培訓模式。加強高校與企業的密切協作，建立產學研合作的長效機制，共建教學實踐基地、共同培養教師、共同開展科研項目和人才培養。建立健全服務外包公共信息服務平臺和公共培訓服務平臺，為大學生提供創新創業指導，提供頂崗實習的機會。應結合當地實際，制定相關政策，幫助大學生創辦服務外包企業。

（三）不斷完善國際化高端人才的引進政策和激勵機制

實施引進人才獎勵。對符合條件的企業高管、骨幹科研人才以及其他急需緊缺專業人才，可以給予個人所得稅的稅收減免。鼓勵外籍人才和留學生就業。對高端的外籍人才，可放寬年齡、學歷和工作經歷等限制，並優先辦理工作許可。鼓勵在讀外籍留學生兼職創業，加強引進人才教育醫療保障。

對於符合條件的服務外包企業，給予相應的政策優惠，比如每錄用一名大專以上學歷的畢業生從事服務外包崗位的工作並且簽訂了一年以上的勞動合同的，給予企業每人不超過 4,500 元的培訓獎勵；對於符合條件的培訓機構培訓的從事服務外包業務人才（大專以上學歷），通過了該機構專業技能考核，並且成功簽訂了勞動合同的，給予培訓機構每人不超過 500 元的培訓獎勵。

## 四、促進在岸與離岸協調發展

全球金融危機之後，由於國際市場大幅萎縮，一批服務外包企業將重點轉

移到在岸業務，增強了規模效益和實力。中國在岸市場規模巨大，為服務外包企業做大做強提供了基礎條件。「中國製造2025」戰略的提出，智能製造、綠色製造等發展將會釋放出大量的市場需求；政府、教育、科研、醫療等部門的信息化和數字化升級，電子商務和電子政務的深入推進，也催生了大量的外包服務需求。隨著中國產業結構轉型升級，外包領域的細分程度也越來越高。我們應該以在岸促離岸為抓手，推動國際國內服務外包市場融合發展。

(一) 正確處理在岸市場與離岸市場的關係

與國際市場相比，中國在岸服務外包的規模遠小於離岸服務外包的市場規模，這裡固然有統計制度方面的誤差，一些已經剝離出去或者外包出去的服務業務很可能仍然統計在原製造業企業。但無論如何，中國在岸服務外包市場的發展明顯滯後於離岸服務外包。究其原因，主要是在政策支持方面，多數是鼓勵發展離岸服務外包，在促進在岸服務外包與離岸服務外包協調發展上還有待進一步調整。

因此，政府應該採取一視同仁的政策導向，應引導、鼓勵服務外包企業服務國內市場，培育一批專業化、品牌化的優質服務供應商，為承接離岸服務外包奠定有利基礎。一方面，抓住服務業國際轉移機遇，積極推進離岸外包，通過離岸市場累積技術與經驗，迅速與國際標準接軌，加速提高自身服務能力，搶占發展服務外包業的先機和制高點；另一方面，立足境內企業對服務外包需求，應引導、鼓勵服務外包企業服務國內市場，實施「互聯網+」發展戰略，促進互聯網與服務業、製造業創新融合發展，不斷釋放在岸服務外包市場潛力。離岸與在岸服務外包發展各有側重，實現兩者互動、互補，提升服務外包產業能級。

(二) 優化國內市場佈局，發揮產業集聚效應

進一步構建以服務外包示範城市為核心的，符合區位特點的產業發展格局。東部發達地區要發揮引領作用，搭建國際化的服務外包平臺，充分利用創新資源，形成產業集聚，輻射長三角、珠三角、環渤海及京津冀等區域。東北地區主要服務於老工業振興和改善環境，通過發展服務外包實現城市轉型。中西部地區依託區位優勢，承接部分東部產業轉移，通過服務外包來實現產業升級，打造新的經濟增長極和開放經濟新高地。

就服務外包示範城市而言，因地制宜進行戰略定位，走差異化和特色化的發展道路。進一步提升城市核心競爭力和服務交付能力，鞏固其中心城市地位。發揮中心城市對周邊城市的示範、帶動效應。在物聯網、大數據、雲計算、移動互聯、教育資源及新技術應用等方面加大對基礎設施的投入，不斷創

新管理技術和商業模式，發揮產業集聚效應。

### 五、穩步開拓「一帶一路」市場

截至 2017 年年底，中國服務外包的業務範圍已遍及 200 多個國家（或地區），服務外包執行額超過億元的國家（或地區）約有 130 個，其中，「一帶一路」沿線國家（或地區）正成為中國服務外包產業新的增長點。顯然，「一帶一路」服務外包市場具有巨大的發展潛力，但中國服務外包企業承接發展中國家外包服務的經驗還不夠豐富，風險不可低估。為更好地促進中國企業開拓「一帶一路」服務外包市場，提出以下建議。

（一）穩步推進、防範風險

從大方向來看，「一帶一路」倡議是一個長期的建設，在促進沿線國家經濟增長的同時也要與這些國家進行更深度的經濟融合，使中國與沿線國家的經濟發展深層次地交流與合作，形成新的增長合力。政府與市場主體在開拓「一帶一路」服務外包市場須對市場進行風險評估，做出更穩健、更高效的決策。在政府方面，中國駐「一帶一路」沿線國家大使館應及時發布所在國政治動態與政治信息，使企業在投資建設中更能減少不必要的內部交易成本，也能在極大程度上保證中國企業、人員等安全。大使館、經濟商務參讚處應廣泛收集信息，研究分析所在國經濟形勢、產業狀況、市場行情及有關法律法規，研究雙邊乃至多邊合作所存在的問題，為中國企業提出合理性的意見與建議；組織開展國際投資洽談會、說明會等活動，為企業提供更加便利的投資交流平臺；加強與當地商會、協會等的密切聯繫，瞭解並發布當地市場的服務項目需求。

中國外包服務企業在向「一帶一路」沿線國家「走出去」的同時，也要積極地瞭解並評估所在國的經濟風險、投資風險，充分做好前期的風險評估與預判，必要時借助第三方風險預估平臺進行風險評估，減少不必要的損失，並在投資建設的同時積極與所在國進行經濟融入甚至文化交融，切身瞭解當地投資環境及風土人情。

（二）政企合作、發揮優勢

政府主要在國家間的溝通協調、沿線國家的投資環境、政策法規、信息提供、相關公共服務平臺的搭建、資金及財政支持等方面發揮自身的優勢及作用。著重發揮資源與信息及時完整的對接作用，加強中國與沿線國家之間政策、服務、資源與信息公共交流平臺的建設，為「一帶一路」的建設提供信息共享及交流平臺。具體來講，政府可以打造雙邊交流合作平臺，使中國與所

在國之間的交流合作與投資建設有更深層次的可能；設立專項資金，鼓勵企業在合作與投資過程中的技術研發與技術創新，為各方的技術方面提供資金支持；創建綜合服務平臺，提供權威可靠的信息諮詢與查詢、檢索、知識產權保護的服務，幫助企業更好、更深入地瞭解當地經濟狀況與市場行情，為合作發展保駕護航，為投資建設指引道路。在中國企業「走出去」的過程中，政府的作用必不可少，應做好支持工作，一定程度上滿足企業的真實需求，提高國際治理能力，實現治理能力現代化。

企業要對接產業發展的契合點精準發力。企業是市場的主體，企業要結合自身需求，從實際出發尋找產業升級的突破口，結合自身現有的基礎條件，尋求國際合作夥伴進行學習、吸收，以及整合對方的先進技術與管理經驗，提升自身的科學技術水準與管理能力，以實現產業的升級，向更高端產業攀升。企業在參與「一帶一路」建設的過程中，要加大科研投入力度，加強人才建設、技術建設，加強管理制度的完善，努力培育優質資源，增強自身實力，提高高端技術學習能力、人才吸收與接納能力、技術自主研發能力、高端資源整合能力、應對風險能力，從而提升自身的能力與水準。

(三) 利用平臺、形成合力

目前，境外經貿合作園區已經成為「一帶一路」倡議建設的重要推動力和重要載體，以及中國企業「走出去」的名片與平臺。境外產業園區不僅為所在國的就業、稅收、技術進步與經濟發展做出了重要的貢獻，還積極承擔社會責任，為當地社會創造價值，樹立了負責任、有擔當的企業形象。在實際運行中，中國企業集中入駐境外經貿合作園區，共同應對市場變化與風險，爭取更多話語權，有效地降低了企業所面臨的市場風險。要想形成綜合競爭優勢，必須形成全產業鏈，由政府帶頭引導，大家抱團出海，在境外形成集群式產業模式，這樣既能讓更多的中國企業「走出去」，還能在境外提高中國企業的影響力、競爭力。另外，融資難是園區發展的一大阻力。企業在海外投資週期長，回報率低，資金週轉速度慢，政府就必須提供足夠的資金支持，加強融資相關方面的政策支持。政策補貼不宜取消，考核標準應該更加充實完善。

此外，自貿區建設是「一帶一路」建設中的重要內容。截至 2017 年 5 月，中國已與 22 個國家和地區簽署並實施了自貿協定，其中涉及「一帶一路」沿線國家的有 11 個。中國與沿線國家的自貿區研究和談判工作還在積極進行中，將與 20 個沿線國家推進自貿區建設。在未來中國會與更多的國家進行自貿區合作，這些自貿區協定對服務業雙邊擴大開放做出了很多優惠，從而為雙邊服務貿易便利化發展創造了良好的政治環境。

（四）引進外援、共同開發

在華跨國公司都具有較強的國際化能力與經驗，國內的一些企業可以向這些跨國公司學習交流並開展合作，共同開發「一帶一路」市場。科技與創新是「一帶一路」的重要內容之一，應該大力支持國內企業進行技術獲取型投資，不斷提升研發能力和全球化服務水準。具體來說，要鼓勵中國企業與跨國公司通過新設、併購或者聯盟的方式開展合作；採取強強聯合的方式共同開拓「一帶一路」市場，實現從單一服務商向綜合服務商轉型，帶動中國服務輸出。

通過與在華跨國公司的合作，中國企業既能吸取其在國際上的管理經驗與教訓，還能提升服務外包技術和服務質量，反過來，也有利於中國承接「一帶一路」沿線國家的服務外包。另一方面，中國企業還能利用跨國公司成熟的風險預估、項目分析、國際化營運等優勢，提升自身關於上述方面的能力，使服務外包項目順利實施。相對而言，中國企業的國際化經驗還是十分缺乏，與歐美許多發達國家的差距甚遠，與在華跨國公司合作不僅增進了彼此之間的聯繫，增加了獲取外包的機會，還可以有效地應對並降低國際化營運風險。

註釋：

[1] 巴拉薩（Balassa，1981）認為世界各國按各自的經濟水準和比較優勢形成國際分工的四個階梯。

# 第七章 結論及研究展望

一、研究結論

貿易利益一直是國際貿易領域頗具爭議的話題，無論是發達經濟體還是新興經濟體都在謀求最大化的貿易利益。本書以全球價值鏈分工的視角，通過研究服務外包貿易利得的理論基礎、作用機制以及影響貿易利益分配的因素，實證分析了中國服務外包的經濟效應，明確了中國在全球價值鏈分工體系中的地位和獲益大小，並提出了中國服務外包產業轉型發展的對策建議。主要結論如下：

第一，傳統國際貿易理論在研究國際分工模式時，均以最終產品作為研究的對象，而中間品貿易的相關文獻將研究視野由產品層面拓展到了工序層面。本書將中間品貿易理論應用於離岸服務外包貿易利益來源的分析中，通過融入新貿易理論、新新貿易理論、不完全契約理論等複雜模型，將要素稟賦、規模經濟、制度變遷、交易成本、企業異質性等科學合理地聯繫起來，從理論推演層面給出了令人信服的解釋。建立在資源稟賦基礎上的服務外包，其利益來源主要是各方現有差別優勢的充分實現；建立在規模經濟基礎上的服務外包，其利益來源主要是規模經濟在各個工序環節的充分實現和產品消費市場的擴大；建立在制度變遷基礎上的服務外包，其利益來源主要是有力推動了國內制度改革；建立在不完全契約基礎上的服務外包，其利益來源主要是交易成本降低帶來的交易效率的提高；建立在企業異質性基礎上的服務外包，其利益來源主要是異質性企業生產率的差別。

第二，離岸服務外包貿易利益主要體現在：經濟增長、就業擴大、技術進步和產業結構升級等方面。本書對其作用機理進行了理論探討，研究表明：根據內生經濟增長理論，服務外包對於承接國而言，可以通過對知識技術、人力資本以及制度環境等要素的影響來拉動經濟增長。離岸服務外包除了有就業擴

張和工資效應以外，還有通過勞動力價格信號、教育和培訓以及經驗累積等方面提升勞動力質量的人力資本效應。離岸服務外包主要通過以下幾種途徑產生技術外溢：①增加中間投入品的種類；②技術交流；③顯性知識的轉移；④研發成果的溢出。將知識管理理論進一步運用到服務外包領域，我們可以明顯觀察到發包方企業如何將先進知識與技術流轉到接包方企業，從而帶動技術落後方實現技術進步與升級。離岸服務外包可以通過優化承接國的技術結構、勞動力結構、生產要素結構來實現產業結構轉型升級。

第三，構建面板數據模型並運用計量方法，對中國離岸服務外包的貿易利益進行經驗檢驗。考慮到數據的可得性，本書將世界貿易組織數據庫和中國統計年鑒數據庫進行匹配，選取 2005—2013 年的 5 個服務行業面板數據。計量結果表明：中國承接服務外包會對經濟增長產生正向的影響，但是對外發包卻不利於經濟增長。受數據選取的局限性，無法驗證承接服務外包對於就業擴大的影響，而對外發包明顯會對就業不利。承接服務外包對於服務部門勞動生產率起到正向作用，但是對外發包卻是反向作用。承接服務外包對於服務業的升級是正向作用，而對外發包不利於服務業的升級。總之，從計量結果看，中國承接服務外包在經濟增長、技術進步、產業升級方面起到積極作用，對於就業擴大的效果沒有通過驗證。而對外發包在這幾方面顯然是消極作用，除了就業外，其他方面跟我們設定的預期不符，因為一般認為對外發包應該是有利於發包國經濟增長的。這一點應該進一步再論證，並且找到開展對外發包的最佳時機。

第四，中國服務外包產業雖然經過近 10 年的快速發展已經初具規模，但就總體而言依然處於全球價值鏈的中、低端，正逐步向全球價值鏈的高端邁進。貿易利益的獲取受到 WTO 多邊貿易規則、區域經濟一體化、政治博弈，以及一國產業發展環境等諸多因素的影響。因此，應該認清中國服務外包產業發展的優劣勢，借鑒國外服務外包國的政策經驗，通過實施「定位戰略、攀升戰略、控制戰略」，加快服務外包產業創新發展，向全球價值鏈高端攀升；構建適合企業發展的競爭有序的產業生態圈，提高企業國際競爭力；加快服務外包專業化、國際化、高端化人才體系建設；培育在岸市場，促進在岸服務外包和離岸服務外包的良性互動；積極開拓多元化的國際市場，構建服務「一帶一路」的新的分工體系。

## 二、研究展望

誠然，對服務外包的貿易利益研究是創新的工作，由於本人學術視野和水

準的限制，目前還處於初級階段。故本書關於服務外包貿易利益來源、作用機理和影響因素的分析更多是做了一些嘗試，尚有許多相關問題未能涉及。即便是本書涉及的問題，在許多方面也還遠不夠深入，特別是經驗研究這塊受計量方法所限，稍顯薄弱，數據處理上，數據的細分程度將有可能影響到經驗研究的結果和結論的準確性，如何使用服務企業數據做進一步的驗證，有待今後深入思考和探討。未來的研究可以從以下幾個方面展開：

第一，理論研究中，在微觀層面從產業組織的角度進一步分析服務外包契約、交易成本種類等理論問題，加深對服務外包與組織模式選擇關係方面的研究，實證檢驗跨國公司在選擇服務外包時，考慮勞動力成本、貿易和投資便利化、地理距離等因素。

第二，在服務外包的理論框架中，引入貿易仲介的分析思路，基於企業異質性和貿易仲介的視角來解釋貿易仲介、不完全合約對於服務外包決策及貿易利得的重要影響。同時，重視服務外包的社會背景研究。引入「關係與合作」變量，將服務外包的管理實踐與中國傳統文化中的關係本位及關係管理結合起來，進一步完善理論體系。

第三，經驗研究中，設定更為科學合理的指標來準確測度準確測度中國國際服務外包和全球價值鏈地位水準。嘗試選取服務企業層面的貿易數據，計算服務外包率，尤其是對於發展中國家服務外包數據的核算，對於衡量中國服務外包所處的真實地位及獲取的貿易利益大小至關重要。

第四，服務外包的相關研究主要是站在發達國家的立場，而以發展中國家作為研究對象的文獻很少。未來的研究應該更加關注發展中國家參與全球服務外包的經濟效應，特別是發展中國家在從承接國向發包國的轉變過程中，對該國的貿易利得和福利水準產生哪些不一樣的影響，這不僅有利於該領域的研究，更有利於發展中國家更好地理解服務外包，積極應對服務外包的負面影響，更好實現經濟增長。

# 參考文獻

陳銀娥，魏君英，2010. 國際服務外包對中國就業結構的影響分析［J］. 中國人口科學（2）：55-64.

陳菲，2009. 國際服務外包就業效應分析［J］. 特區經濟（6）：270-272.

陳菲，2011. 承接國際服務外包對產業結構影響的實證分析：以印度為例［J］. 特區經濟（11）：114-116.

陳軍亞，2009. 承接國際服務外包的影響因素分析：兼論中國的承接能力［J］. 華中師範大學學報（人文社會科學版）（6）：58-64.

陳清萍，曹慧平，2011. 承接跨國服務外包與中國經濟增長的相互作用研究：與製造外包的比較分析［J］. 國際貿易問題（1）：90-100.

崔岩，臧新，張秀珍，2013. 工業行業中服務外包與製造外包影響因素的比較：基於中國為發包國的實證研究［J］. 國際貿易問題（12）：117-125.

崔萍，2010. 承接服務外包對企業技術創新的影響：基於中國IT行業上市公司面板數據的實證研究［J］. 國際經貿探索（8）：47-64.

崔萍，2015. 承接離岸服務外包的勞動力就業效應分析：基於服務外包示範城市的實證檢驗［J］. 廣東外語外貿大學學報（2）：30-33.

戴伯勛，沈宏達，2001. 現代產業經濟學［M］. 北京：經濟管理出版社.

戴軍等，2015. 中國21城市承接國際服務外包的競爭力實證研究［J］. 亞太經濟（5）：102-106.

鄧春平，2010，徐登峰. 基於全球價值鏈的服務外包產業升級路徑分析［J］. 國際經濟合作（9）：16-19.

郭萬達，1991. 現代產業經濟辭典［M］. 北京：中信出版社.

劉世錦，王曉明，袁東明，等，2010. 中國產業結構升級面臨的風險和對策［J］. 經濟研究參考（13）.

胡劍波，2015. 國外自由貿易園區發展離岸服務外包的經驗及啟示［J］. 亞太

經濟（2）：121-126.

霍景東，夏杰長，2013. 離岸服務外包的影響因素：理論模型、實證研究與政策建議：基於20國面板數據的分析［J］．財貿經濟（1）：119-127.

金芳，2007. 全球化經營與當代國際分工［M］．上海：上海人民出版社.

姜榮春，2015. 新常態下中國服務外包產業轉型升級困境及其突破路徑［J］．國際貿易（11）：62-68.

盧鋒，2004. 產品內分工［J］．經濟學（季刊），4（1）：55-82.

盧鋒，2007. 當代服務外包的經濟學觀察產品內分工的分析視角［J］．世界經濟（8）：22-35.

劉慶林，陳景華，2006. 服務業外包的福利效應分析［J］．山東大學學報（社會科學版）（4）：119-126.

劉紹堅，2008. 承接國際軟件外包的技術外溢效應研究［J］．經濟研究（5）：105-115.

劉志彪，2008. 生產者服務業及其集聚：攀升全球價值鏈的關鍵要素與實現機制［J］．中國經濟問題（1）：3-12.

劉艷，2010. 發展中國家承接離岸服務外包競爭力的決定因素：基於26個主要接包國的面板數據研究［J］．經濟經緯（1）：42-45.

劉艷，2010. 發展中國家吸引離岸服務外包的決定因素：從經濟自由化程度視角的解析［J］．中央財經大學學報（1）：75-80.

劉艷，2010. 離岸服務外包承接能力的影響因素分析［J］．國際商務研究（1）：10-16.

李偉慶，汪斌，2009. 服務外包、生產率與就業：基於中國工業行業數據的實證研究［J］．浙江樹人大學學報（3）：33-37.

李偉慶，唐鐵球，2015. 服務外包對中國製造業與服務業升級影響的實證研究［J］．經濟問題探索（12）：68-72.

李志群，朱曉明，2007. 中國服務外包發展報告2007［M］．上海：上海交通大學出版社.

李雪，2013. 基於服務外包的中國國際分工地位提升［J］．商業經濟研究（13）：40-41

聯合國貿易與發展會議，2003. 2002世界投資報告：跨國公司與出口競爭力［M］．北京：中國財政經濟出版社.

呂延方，2015. 中國承接服務外包的驅動因素：基於2003—2013年行業面板數據的經驗研究［J］．經濟管理（7）：1-12.

郎永峰，任志成，2011. 承接國際服務外包的技術溢出效應研究：基於服務外包基地城市軟件行業的實證分析［J］. 國際商務研究（5）：3-8.

孟雪，2012. 反向服務外包如何影響中國的就業結構：以中國作為發包國的視角分析［J］. 國際貿易問題（9）：82-95.

闕澄宇，鄭繼忠，2010. 服務外包的技術外溢效應研究：基於大連市軟件外包行業的分析［J］. 國際貿易問題（6）：72-80.

闕澄宇，柴淵哲，2010. 中印承接國際服務外包競爭力比較研究［J］. 財經問題研究（8）：73-82.

芮明杰，劉明宇，任江波，2006. 論產業鏈整合［M］. 上海：復旦大學出版社.

任志成，武曉霞，2009. 承接服務外包的就業效應［J］. 南京審計學院學報（3）：1-6.

任志成，張二震，2008. 承接國際服務外包的就業效應［J］. 財貿經濟（6）：62-66.

施錦芳，閆飛虎，2016. 金磚五國承接離岸服務外包競爭力及影響因素分析［J］. 宏觀經濟研究（3）：35-45.

田文，2005. 產品內貿易的定義、計量及比較分析［J］. 財貿經濟（5）：77-79.

王俊，2008. 跨國外包生產體系下技術後進國自主創新能力提升的困境及對策［J］. 管理現代化（5）：7-9.

王曉紅，2008. 中國承接國際設計服務外包的技術外溢效應研究：基於中國80家設計公司承接國際服務外包的實證分析［J］. 財貿經濟（8）：84-89.

王曉紅，2007. 新一輪服務業離岸外包的理論分析［J］. 財貿經濟（9）：75-80.

王永貴，馬雙，楊宏恩，2015. 服務外包中創新能力的測量、提升與績效影響研究：基於發包與承包雙方知識轉移視角的分析［J］. 管理世界（6）：85-98.

王昌林，2012. 內生比較優勢理論下的中國離岸服務外包策略［J］. 改革與戰略（12）：38-42.

魏浩，黃皓驥，2012. 服務外包與國內就業：基於全球15個國家25個行業的實證分析［J］. 國際貿易問題（5）：64-73.

許敏蘭，羅建兵，2012. 江蘇省服務外包對產業結構影響的實證分析［J］. 江蘇商論（7）：91-94.

徐姍, 2013. 基於離岸服務外包的就業效應與技術擴散國外研究綜述及展望 [J]. 國際貿易問題 (1): 87-95.

喻美辭, 2008. 國際服務外包、技術外溢與承接國的技術進步 [J]. 世界經濟研究 (4): 50-65.

原小能, 石奇, 2008. 服務外包與產業結構升級研討會綜述 [J]. 經濟研究 (2): 158-160.

楊丹輝, 2009. 服務外包與中國產業升級: 基於全球化的視角 [J]. 當代經濟管理 (8): 49-52.

楊丹輝, 2010. 全球化、服務外包與後起國家產業升級路徑的變化: 印度的經驗及其啟示 [J]. 經濟社會體制比較 (4): 160-165.

楊志琴, 祖強, 2007. 承接服務外包: 新開放觀下中國提升國際分工地位的有效途徑 [J]. 世界經濟研究 (11).

姚戰琪, 程蛟, 夏杰長, 2010. 中國服務外包產業攀升全球產業鏈的路徑分析 [J]. 黑龍江社會科學 (1): 53-56.

姚戰琪, 2010. 工業和服務外包對中國工業生產率的影響 [J]. 經濟研究 (7): 91-102.

姚志毅, 張亞斌, 李德陽, 2010. 參與國際分工對中國技術進步和技術效率的長期均衡效應 [J]. 數量經濟技術經濟研究 (6): 72-83.

張敏, 2014. 服務外包理論研究的現狀與發展趨勢: 基於 SSCI 數據庫 (1990—2013) 的科學計量分析 [J]. 經濟學家 (10): 17-25.

朱福林, 夏杰長, 王曉紅, 2015. 中國離岸服務外包國家競爭力及促進效應實證研究 [J]. 商業研究 (1): 78-84.

張珺, 張雨露, 2012. 中國承接國際服務外包對產業結構水準影響研究: 基於中國 1991—2010 年時間序列數據計量檢驗 [J]. 產經評論 (5): 15-22.

ARNDT S W, 1997. Globalization and the Open Economy [J]. The North American Journal of Economics and Finance, 8 (1): 71-79.

ARNDT S W, KIERZKOWSKI H, 2001. Introduction. In Arndt, Swen W. andKierzkowski, Henryk (ed.), Fragmentation: New Production Pattern in the World Economy, Oxford University Press.

ANG S, STRAUB D, 1998. Production and transaction economies and is outsourcing: a study of the US banking industry [J]. MIS quarterly (12): 535-552.

ALPAR P, SAHARIA A N, 1995. Outsourcing information system functions: an organization economics perspective [J]. Journal of organizational computing & electronic commerce (5): 197-217.

AMITI F M, WEI S J, 2005. Fear of service outsourcing: is it justified? [J]. Economic policy, 20 (42): 308-347.

AGRAWAL V, FARRELL D, 2003. Who wins in offshoring [J]. Mckinsey quarterly: 37-41.

BALDWIN R E, 2005. Heterogeneous firms and trade: Testable and untestable properties of the melitz model [N]. NBER Working Paper, No. 11471.

BHAGWATI J, SRINIVASAN T N, 2004. The muddles over outsourcing [J]. Journal of economic perspectives, 18 (4): 93-114.

BHAGWATI J N, DEHEJIA V H, 1994. Freer trade and wages of the unskilled: is marx striking again?. In J. N. Bhagwati and M. H. Kosters (Ed.), Trade and Wages: Leveling Wages Down? [M]. Washington D. C.: AEI Press.

BOSWORTH B, 2004. Challenges to the U.S. economy: economic imbalances in a growing economy [R]. The Research Conference of the Tokyo Club Foundation for Global Studies.

DIXIT A K, GROSSMAN G M, 1982. Trade and protection with multistage production [J]. The review of economic studies (49): 583-594.

DOSSANI R, 2005. Globalization and the offshoring of services: the case of india [J]. Brookings trade forum (1): 241-267.

DEARDORFF A V, 2001. Fragmentation across Cones. In S. Arndt and H. Kierzkowski (ed.), Fragmentation: New Production Patterns in the World Economy. Oxford, U. K.: Oxford University Press: 35-51.

ESPINO-RODRÍGUEZ T F, PADRÓN-ROBAINA V, 2005. A resource-based view of outsourcing and its implications for organizational performance in the hotel sector [J]. Tourism Management, 26 (5): 707-721.

ESPINO-RODRÍGUEZ T F, 2006. A Review of Outsourcing from the Resource-Based View of the Firm [J]. International Journal of Management Reviews, 8 (1): 49-70.

FEENSTRA R C, 1998. Integration of trade and disintegration of production in the global economy [J]. Journal of economic perspective (12): 31-50.

FIXLER D J, SIEGEL D, 1999. Outsourcing and productivity growth in services [J]. Structural change & economic dynamics, 10 (2): 177-194.

FRIEDMAN T L, 2005. The world is flat: a brief history of the twenty-first century

[M]. New York: Farrar, straus & giroux: 27-35.

GROSSMAN G M, HELPMAN E, 2005. Outsourcing in a global economy [J]. Review of economic studies, 72 (1): 135-159.

GROSSMAN G M, ROSSI-HANSBERG E. The rising of offshoring: it's not wine for cloth anymore [M]. Princeton: Princeton University, 2006a, 8.

GROSSMAN G M, ROSSI-HANSBERG E. Trading tasks: a simple model of offshoring. NBER Working Paper, 2006b (8), No. 12721.

GROSSMAN G M, ROSSI-HANSBERG E, 2008. Trading tasks: a simple model of offshoring [J]. American economic review, 98 (5): 78-97.

GOO J, KISHORE R, NAM K, et al., 2007. An investigation of factors that influence the duration of IT outsourcing relationships [J]. Decision Support Systems, 42 (4): 2107-2125.

GROVER V, CHEON M J, TENG J T C, 2015. The effect of service quality and partnership on the outsourcing of information systems functions [J]. Journal of management information systems, 12 (4): 89-116.

GARNER C A, 2004. Offshoring in the service sector: economic impact and policy issues [J]. Economic review, 89 (3): 5-37.

GÖRG H, HANLEY A, 2005. International outsourcing and productivity: evidence from the irish electronics industry [J]. North American journal of economics & finance, 16 (2): 255-269.

HUMMELS D, RAPOPORT D, YI K M, 1998. Vertical specialization and the changing nature of world trade [J]. Economic policy review, 4 (2): 79-99.

HUMMELS D, 2002. Fragmentation: new production patterns in the global economy. Sven W. Arndt and Henryk Kierzkowski (eds). Oxford and New York: Oxford University [J]. Journal of economic geography, 368-369.

HUMMELS D L, ISHII J, YI K M, 2001. The nature of growth of vertical specialization in world trade [J]. Journal of international economics, 54 (1): 75-96.

JONES R, KIERZKOWSKI H, 2001. A framework for fragmentation. In S. Arndt and H. Kierzkowski (Ed.), Fragmentation: New production patterns in the world economy [M]. Oxford, U.K.: Oxford University Press.

JONES R, KIERZKOWSKI H, CHEN L, 2004. What does evidence tell us about fragmentation and outsourcing? [J]. International review of economics & finance, 14 (3): 305-316.

JOHNSON M, 1997. Outsourcing in brief [M]. London: Butterworth-Heinemann Oxford.

KRUGMAN P, 1994. A「technology gap」model of international trade [M]. In Krugman P. (ed.), Rethinking International Trade, Massachusetts: MIT Press.

KRUGMAN P, 1995. Growing world trade: Causes and consequences [J]. Brookings Papers on Economic Activity (1): 327-362.

KRIPALANI M, Engardio P, Hamm S, 2003. The rise of India [J]. Business week, 12 (8): 66-78.

KOTABE M, 1992. Global sourcing strategy: R&D, manufacturing, and marketing interfaces. Quorum Books.

LEE J N, KIM Y G, 2015. Effect of partnership quality on IS outsourcing success: conceptual framework and empirical validation [J]. Journal of management information systems, 15 (4): 29-62.

LONG N V, 2005. Outsourcing and technology spillovers [J]. International review of economics & finance, 14 (3): 297-304.

MELITZ M J, 2003. The impact of trade on intra-industry reallocations and aggregate industry productivity [J]. Econometrica, (71): 1695-1725.

OLSEN K B, 2006. Productivity impacts of offshoring and outsourcing: a review [R]. OECD STI Working Paper.

POPPO L, ZENGER T, 1998. Testing alternative theories of the firm: transaction cost, knowledge-based, and measurement explanations for make-or-buy decisions in information services [J]. Strategic management journal, 19: 853-877.

PRAHALAD C K, HAMEL G, 1990. The core competence of the corporation [J]. Harvard business review, 68: 79-91.

RAA T T, WOLFF E N, 1996. Outsourcing of services and the productivity recovery in U.S. manufacturing in the 1980s and 1990s [J]. Journal of productivity analysis, 16 (2): 149-165.

SUN S Y, LIN T C, SUN P C, 2002. The factors influencing information systems outsourcing partnership-a study integrating case study and survey research methods [J]. Hawaii international conference on system sciences, 8: 2810-2819.

TAKAC P F, 1994. Outsourcing: a key to controlling escalating IT costs? [J]. International journal of technology management, 9 (9): 139-155.

VINING A, GLOBERMAN S A, 1999. Conceptual framework for understanding the outsourcing decision [J]. European management journal, 17 (6): 645-654.

WILLCOCKS L, FITZGERALD G, FEENY D, 1995. Outsourcing IT: The strategic implications [J]. Long range planning, 28 (5): 59-70.

WILLIAMSON O E, 1981. The economics of organization: the transaction cost approach [J]. American journal of sociology, 87 (3): 548-577.

# 全球價值鏈、服務外包與貿易利益

| 作　　者：廖戰海 著 | **國家圖書館出版品預行編目資料** |
|---|---|
| 發 行 人：黃振庭 | 全球價值鏈、服務外包與貿易利益 / 廖戰海著. -- 第一版. -- 臺北市：財經錢線文化，2020.11　面；　公分　POD 版　ISBN 978-957-680-471-7( 平裝 )　1. 國際貿易　558.5　109016631 |
| 出 版 者：財經錢線文化事業有限公司 | |
| 發 行 者：財經錢線文化事業有限公司 | |
| E - m a i l：sonbookservice@gmail.com | |
| 粉 絲 頁：https://www.facebook.com/sonbookss/ | |
| 網　　址：https://sonbook.net/ | |

地　　址：台北市中正區重慶南路一段六十一號八樓 815 室
Rm. 815, 8F., No.61, Sec. 1, Chongqing S. Rd., Zhongzheng Dist., Taipei City 100, Taiwan (R.O.C)

電　　話：(02)2370-3310
傳　　真：(02) 2388-1990

總 經 銷：紅螞蟻圖書有限公司
地　　址：台北市內湖區舊宗路二段 121 巷 19 號
電　　話：02-2795-3656
傳　　真：02-2795-4100
印　　刷：京峯彩色印刷有限公司（京峰數位）

- 版權聲明 -

本書版權為西南財經出版社所有授權崧博出版事業有限公司獨家發行電子書及繁體書繁體字版。若有其他相關權利及授權需求請與本公司聯繫。

定　　價：350 元
發行日期：2020 年 11 月第一版
◎本書以 POD 印製